Susana Gamboa de Vitelleschi

APRENDER JUGANDO
CON LA NATURALEZA

Susana Gamboa de Vitelleschi

APRENDER JUGANDO CON LA NATURALEZA

Bonum

Los dibujos que ilustran este libro son de María Teresa Cibils.
Fueron extraídos de los libros **El mundo de la Pupi** de Editorial Aique, y de **La Pupi**, de Editorial Puntosur.

Las canciones pertenecen al casete **Canciones de la Pandilla** de María Teresa Cibils, que vende y distribuye Editorial Bonum.

Gamboa de Vitelleschi, Susana
  Aprender jugando con la naturaleza - 9ª ed. - Buenos Aires : Bonum, 2012.
  192 p. ; 20x14 cm. (Juegos y dinámicas)

1. Libros para Niños. I. Título
CDD 808.899 282

Primera edición: diciembre de 1991
Novena edición: agosto de 2012

© Editorial Bonum, 2012.
Av. Corrientes 6687 (C1427BPE)
Buenos Aires - Argentina
Tel./Fax: (5411) 4554-1414
ventas@editorialbonum.com.ar
www.editorialbonum.com.ar

Queda hecho el depósito que indica la Ley 11.723
Todos los derechos reservados

No se permite la reproducción parcial o total, el almacenamiento, el alquiler, la transmisión o la transformación de este libro, en cualquier forma o en cualquier medio, sea electrónico o mecánico, mediante fotocopias, digitalización u otros métodos, sin el permiso previo y escrito del editor. Su infracción está penada por las Leyes 11.723 y 25.446.

Impreso en Argentina
Es industria argentina

PRÓLOGO

Educación, mágica palabra que engloba la evolución social y cultural de los individuos, la forma de vida de los pueblos, el adelanto de las naciones y el mejor patrimonio de la especie humana.

El hombre como ser sociable, encuentra en la naturaleza el gran libro educador abierto para todos.

Por eso, fundir y plasmar al mismo tiempo el aprender tomando conocimiento en grupos sociales, con juegos en ambientes gratos, compartiendo elementos familiares, escolares o amistades entre seres de diferentes edades, en un clima lúdico donde prima el afecto entre todos, me ha parecido sumamente interesante y de un alto valor pedagógico; señalando la importancia y originalidad de poder abordarlo desde el juego.

En este libro, la autora trata de vincular al niño con el mundo exterior a través de los sentidos, con límites de espacio y de tiempo, abarcando a la naturaleza como un todo donde el hombre es parte de ella. Invita a los chicos a pensar, a buscar la verdad que logran descubrir usando la inteligencia, al mismo tiempo que se asignan al espíritu los valores morales imprescindibles de la convivencia social y de la competencia leal, desde la alegría del jugar.

En las distintas experiencias lúdicas que contiene el libro, se propone concentrar la atención del niño; se le permite observar con penetración y cuidado; se le promueve la búsqueda del conocimiento, reduciéndole los asuntos complejos a sus elementos; se le ayuda a descubrir las diferencias menores; se le enseña a leer el porvenir en el presente y se lo eleva de los hechos particulares a las leyes generales y a las verdades universales. Se le ofrece una educación imparcial y desinteresada practicando el respeto al prójimo y a la naturaleza en general, destacando el valor de no alterarla.

Se enseña que no importa ganar en el juego, sino competir sanamente disfrutando todos. Importa llegar a la verdad, a la adquisición de la fuerza del pensamiento, a la toma de decisiones propias y al trabajo colectivo.

Además une a padres e hijos, a educadores y alumnos, forma grupos humanos y afectos limpios en una búsqueda conjunta del verdadero conocimiento, despertando el sentimiento de la belleza, facilitando la expresión corporal de las ideas y de las conclusiones.

Pero, por sobre todas las cosas, este pequeño gran libro trasunta amor a la niñez, a la docencia y a la naturaleza. Y esto, en una época tan materialista como la que vivimos, es mucho decir y dará a quien lo lea para jugarlo, la esperanza de un futuro mejor.

Dra. Marta Polichenco

La Dra. Marta Polichenco es Directora del Departamento de Biología, Directora del Instituto de Ecología y Contaminación Ambiental de la Facultad de Ciencias Exactas, Químicas y Naturales de la Universidad de Morón.

¡NOS PRESENTAMOS!

¡HOLA!
¡¿Quién soy?!

Aprender jugando...
con la naturaleza

Como el dibujo te insinúa, QUIERO jugar con VOS.
Y la propuesta, ¡un desafío!

En CASA... jugar con la naturaleza.
En la NATURALEZA... jugar con la NATURALEZA.
En el CLUB, en el CAMPO, en el PARQUE, en el ZOOLOGICO, en el ACUARIO, en la GRANJA, o en la ESCUELA... jugar con la naturaleza.

Se trata de descubrir, gustar, explorar, comprobar, verificar, cuestionar, recrear... y todo con propuestas para aprender jugando. Para jugar con niños desaburridos, curiosos, ingeniosos, activos, independientes, exploradores, inquietos, investigadores, entomólogos, climatólogos, inventores creativos, QUE YA SEAN O QUIERAN SER...
APRENDER JUGANDO con la NATURALEZA, para jugar con el animador de juegos y también sin él -en algunos casos-.

¡¿LO INTENTAMOS?!

Para aprender jugando: algo de curiosidad y de creatividad

APRENDER, tantas veces lo decimos pero ahora se trata de experimentarlo por NOSOTROS MISMOS.

Aprender, solicita de cada uno una postura nueva frente a las cosas, los hechos y situaciones, para modificar y modificarse ante cada posibilidad factible de internalización.
APRENDER JUGANDO con la NATURALEZA es un libro para jugar con lo que SE SABE y con lo que NO SE SABE, porque se JUEGA HACIENDO, redescubriendo la ciencia.
Es un libro para JUGARLO.

La CURIOSIDAD y CREATIVIDAD hoy se toman de la mano para establecer vínculos con la naturaleza, para comenzar juntos un camino de preguntas probadas, con respuestas factibles de equivocación, pero jugadas con espíritu de investigador.

Me refiero así al juego que, a partir de la pregunta, pone en marcha un proyecto de posibles y nuevas soluciones.

Hablo de la posibilidad de equivocación, como ese margen necesario para que JUGANDO aprenda el niño a DISFRUTAR EXPERIMENTANDO, tanto en el armar y desarmar.... como en el mezclar y combinar… separar y unir..., descubrir y explorar...

Todos estos fenómenos, hechos o situaciones con los cuales queremos experimentar serán los habituales, o no, pero descubiertos con nuevos ojos, aparecerán ahora como novedad.

El APRENDER a JUGAR experimentando, cuestiona, hace surgir la duda, dispone a una actitud científica.

De esta manera la investigación se convierte en actitud constructiva que parte de la interrogación de la vida y permite valorizar la duda y el error como estímulo.

Por eso quiero aprovechar al máximo la curiosidad y la capacidad creativa como posibilidad de descubrir lo nuevo, asombrarse frente al cambio y dejarse impactar significativamente en relación con el medio natural.

JUGAR entonces, APRENDIENDO DESDE SI, llegando a la elaboración de hipótesis, a partir de situaciones ya vivenciadas o no, favoreciendo de esta manera un PENSAR y ACTUAR más LIBRE, según lo que permite su edad.

El niño que realiza estas posibilidades mediante el juego, no es un científico, pero va desarrollando ACTITUDES científicas. "JUEGA AL COMO SI".

De esta manera vamos conduciendo al niño a jugar aprendiendo, aprendiendo con sentido; jugando desde la vida, lo que trae como consecuencia mejorar la calidad de vida para sí y para otros.

Por esto, en el juego debemos poner al niño en situación de experimentar.

Por lo tanto en el juego-experiencia se debe:

- Proponer la creación de hipótesis provisorias de cuya elaboración se haga responsable el niño.

- Dar lugar y espacio para aplicar hipótesis y descubrir su validez mediante la experimentación de la respuesta. Toda hipótesis confirmada puede variar -no es una verdad definitiva- cuando surgen nuevos interrogantes que ella no logra explicar.

¿Qué es experimentar mediante el juego?
Es realizar experiencias desde la perspectiva lúdica, que permitan probar la validez de una hipótesis.

¿Qué es una hipótesis en el ámbito lúdico?
Es una experiencia general y verificable que se da a una situación problemática planteada.

Consta de dos partes: la primera es una CONDICIÓN SI..., la segunda es una PREDICCIÓN ENTONCES...
Por ejemplo, ante la problemática: "¿cómo influye el espacio en el desarrollo de las plantas?", nuestra hipótesis puede ser: "si el espacio influye en el desarrollo de un vegetal, entonces a mayor espacio disponible se producirá un mayor desarrollo.
De esta forma la CURIOSIDAD aparece como un constante interrogante a resolver, donde el hecho de ser CREATIVO se muestra en respuestas nuevas a viejos planteos o planteos nuevos a viejas respuestas. Entonces CREAR es también cuestionar una suposición o modificar algo convirtiéndolo en NOVEDOSO.

Campo juegos: trabajos de campo

¿Qué es un *campo juego: trabajo de campo*?

Campo juego: trabajo de campo, es una simple combinación de palabras -a mí me gusta mucho jugar o combinar palabras- pero que revela una actividad lúdica originada a partir de problemáticas biológicas que se realizan en un medio natural o bajo condiciones naturales.
¿Por qué me interesa el trabajo de campo como juego?
Porque la actitud del niño investigador, experimentador, curioso... lo debe llevar a convertir en provechosa la oportunidad de JUGAR OBSERVANDO la naturaleza y los seres vivos en sus propios ambientes.

La observación permite:

-Encontrar respuestas a preguntas ya planteadas.
-Le provoca curiosidad, de donde surgen nuevas problemáticas para jugar investigando en ese momento o con posterioridad.
-Lo impulsa a construir proyectos de vida vinculados con el mundo natural y/o dentro de él.
Toda observación se enriquecerá mediante la manipulación...
Y para poder jugar CAMPO JUEGO
       JUEGO CAMPO.

* En todo juego-experiencia de este tipo es conveniente:

-Estar siempre cerca de las personas que conducen el equipo.
-Sólo recoger animales y/o plantas que son necesarios, y nunca con la mano -ya que algunos animales pueden picar-.
-Establecer vínculos con el mundo natural, sintiéndose amigo de la naturaleza.
-Tirar los papeles y residuos en recipientes de basura... pero nunca en el suelo.
-Preparar el material necesario para el juego antes de ir a jugar... y ya podemos empezar a jugar:

¡Campo juego!
¡Juego campo! es un juego ya:
¡en la granja!,
¡en el zoológico!,
¡en el acuario!,
¡en el campo!,
¡en el parque!,
¡en el club!,
¡en la escuela!

Sí, en todo lugar vinculado al mundo natural y también dentro de tu casa.
¡Hasta pronto!
¡Exito te desea:

"APRENDER JUGANDO...
CON LA NATURALEZA"

¡Desafío! aprender jugando... con la naturaleza

¿Cómo elegir los juegos?

He pensado -si ustedes quieren- orientarlos y por eso me he valido de un código simple.

En familia y/o en grupo	En casa
Al aire libre	Edad de los participantes

Si, por ejemplo, en el juego aparece este icono:

Es un juego que podrá jugarse en familia o en grupo, en casa o al aire libre, niños a partir de cuatro años.

La edad es sólo una sugerencia. Son muchos los factores que inciden para determinar cuándo, cómo y por qué jugar tal o cual juego.
El juego, a medida que el jugador lo requiere, recibirá las variantes propias del caso; es el animador de juegos quien en definitiva debe decidir según características de su grupo y condicionamientos.
En estos juegos interviene el adulto, pero la propuesta constante ha de ser que el niño organice su propio juego.
Algunos juegos de "Aprender jugando con la naturaleza", pueden ser jugados por niños sin intervención del adulto; si lo creen conveniente tanto niños como adultos.

¡A JUGAR CON LOS CHICOS!
¡A JUGAR CHICOS Y GRANDES!

Aprender jugando
JUEGOS EN EL ZOOLÓGICO...
CON EL ZOOLÓGICO...

¿Cantamos?

Todas las jirafas

Todas las jirafas tienen
un largo traje pintado,
quien le pintó tantas manchas
tiene que haberse cansado.

Estribillo

Todas las jirafas, todas las jirafas,
tienen muy largo el cuello
y por eso viven, y por eso viven
con medio cuerpo en el cielo.

Las jirafas se duermen
recostadas en la luna,
como luna hay una sola
cada noche duerme una.

Estribillo

En los sueños de los niños
muchas jirafas pasean
a los niños en sus cuellos
hasta cuando se despiertan.

Estribillo

María Teresa Cibils

¿Quién es el animal más alto de la tierra?
¡La jirafa!

- Cuando se nos ocurra ir a un zoológico con hijos, alumnos, o chicos de cualquier edad, conviene tener presente que no se puede en una sola visita hacer todos los juegos, ni conocer todo.

- Por eso te brindamos un plano donde el recorrido tiene en cuenta jaulas más destacadas. Convendría en cada visita jugar en función de algo interesante, por ejemplo: patas, locomoción y que toda la experiencia gire en torno a esto, para evitar el cansancio de los niños y para que, en consecuencia, el recurso zoológico pueda ser utilizado repetidas veces.

- Si bien el plano que presento corresponde al jardín zoológico de la ciudad de Buenos Aires, puede ser reemplazado por otro y los juegos pueden seguir la misma estructura.

- Es importantísimo tener en cuenta ciertas pautas para evitar accidentes.

- Además es necesario saber cómo comportarse en el mismo, afin de no molestar a los animales.

- Todo esto es tenido en cuenta a modo de juego.

¡COMENCEMOS!

CAPTURA DEL ALIMENTO

¿QUIÉNES PARTICIPAN?
Una familia, varias familias, un adulto animando el juego.

¿CUÁNTOS PARTICIPAN?
Los que deseen, divididos en grupos.

PARA QUÉ DEL JUEGO
Disfrutar de la investigación mediante la propia experiencia.

MATERIAL NECESARIO
Una fotocopia para cada componente de equipo.

El juego consiste en:

a) Al entrar al zoológico divididos los chicos en grupos de siete (7), se le entregará a cada componente de equipo una tarjeta-fotocopia. En caso de jugar con niños que no saben leer, cada grupito recibe la tarjeta con un dibujo representativo de un animal.

b) Las tarjetas informan sobre la adaptación morfológica para la captura de alimentos.

Propuesta de contenido para las tarjetas:

¿Conoces las adaptaciones morfológicas para la captura de alimento?

Veamos algunas:

ELEFANTE: utiliza una trompa que constituye la prolongación de la nariz unida al labio superior, para la aprehensión de los alimentos y su introducción en la boca.

MARA: la dentadura, como en todos los roedores, está adaptada para roer. Los incisivos cortados a bisel, son de crecimiento indefinido y deben ser gastados continuamente.

FLAMENCO: para comer dirige su largo cuello hacia abajo, manteniendo la cabeza y el pico en posición invertida, y así comienza el proceso de la filtración, el agua pasa a través del pico y cuando es expelida por la acción de la lengua y la garganta, queda retenido el alimento por las laminillas ubicadas en los costados del pico.

CÓNDOR: parado sobre la presa comienza a desgarrarla, el alimento se va acumulando en su gran buche. Allí se separan la carne y los restos (plumas, huesos o pelos) que son regurgitados.

TUCÁN: el pico cuenta con un borde aserrado que le sirve para desmenuzar los alimentos.

CHIMPANCÉ: utiliza las patas, pela las frutas necesarias y también con las patas introduce la comida a la boca.

OSO PARDO: suele utilizar las patas para golpear los árboles y las ramas para que caigan los frutos. Puede con las patas sacar la miel de los panales y luego lamérselas.

Cada animal tiene una forma particular de alimentarse.

Con esta propuesta de contenido, ya puedes armar las siete tarjetas, coloca sólo un animal por tarjeta; o, para los pequeños, dibuja sólo un animal.

c) En el grupo de mayores, hay siete niños, con tarjetas que hablan sobre siete animales distintos. Ha llegado el momento de leer y comentar:
-¿Qué animal nos tocó?
-¿Cómo realiza la adaptación para capturar el alimento?

- Ahora se les entrega el plano, y se los invita a localizar el lugar de las jaulas y decidir el recorrido a realizar. En el caso de los pequeños, el conductor del grupo tendrá el plano y se les entregará la tarjeta con el dibujo del animal según cómo se ha organizado la exploración y reconocimiento.

d) Los chicos mayores, con plano en mano, ya decididos al tipo de recorrido por realizar, y ubicados en el primer lugar, harán todas las observaciones posibles y tomarán nota. Así proseguirán hasta llegar al último animal. Los niños pequeños recibirán, antes de llegar a cada jaula, la tarjeta correspondiente al animal, así hasta recorrer los siete lugares.

NOTA:
¿por qué no recorremos todas las jaulas y hemos elegido sólo algunas?

Creo que es mejor seleccionar, para no cansar a los niños, además cada visita al zoológico puede ser realizada con problemáticas de juego distintas, lo que posibilita el descubrir siempre algo nuevo.

e) Al terminar el juego explorativo, se sentarán en algún lugar del zoológico para intercambiar datos y comentar lo explorado.

f) Concluida esta parte, resulta divertido que los chicos imiten el modo de captura del alimento de cada animal; utilizando todo su cuerpo.

En caso de no haber observado al animal comiendo, el animador de juego habrá orientado la atención hacia las partes a observar; en este caso se variará la representación.

¡JUÉGUENLO Y APRENDERÁN DISFRUTANDO DEL JUEGO!

Referencias

1 Entrada plaza Italia
2 Portería
3 Mástil de la Bandera Nacional
4 Fuente de la Cascada
5 Lago Darwin
6 Surtidor de agua
7 Pabellón felinos grandes
8 Baño para damas
9 Aviario grande
10 Serpentario
11 Fuente del mono Caí
12 Leonera
13 Pabellón de los elefantes
14 Pajarera Bolier
15 Reptilario grande
16 Peludario
17 Isla refugio de aves acuáticas
18 Leonera sanitaria
19 Pabellón roedores chicos
20 Pabellón monario azul
21 Estanque de los lobos marinos
22 Foso de las vizcachas
23 Corral de ciervos damas
24 Lechucera
25 Pabellón de los rinocerontes
26 Jaula de chimangos
27 Pabellón de ciervos
28 Pajarera "Inst. Cnel. Caccia"
29 Fuente de las tortugas
30 Jaula de coatíes
31 Pajarera Argentina
32 Pabellón "Quirguis"
   (camellos y dromedarios)
33 Corral de grullas
34 Corral de bisontes
35 Corral de los búfalos de la India
36 Corral de las cebras
37 Corral de la jirafa
38 Corral de ovejas
39 Pabellón de los orangutanes
40 Corrales de ñandúes, avestruces, casuarios y antílopes
41 Pabellón osos
42 Pileta gansos
43 Jaula condorera
44 Entrada Rep. de la India

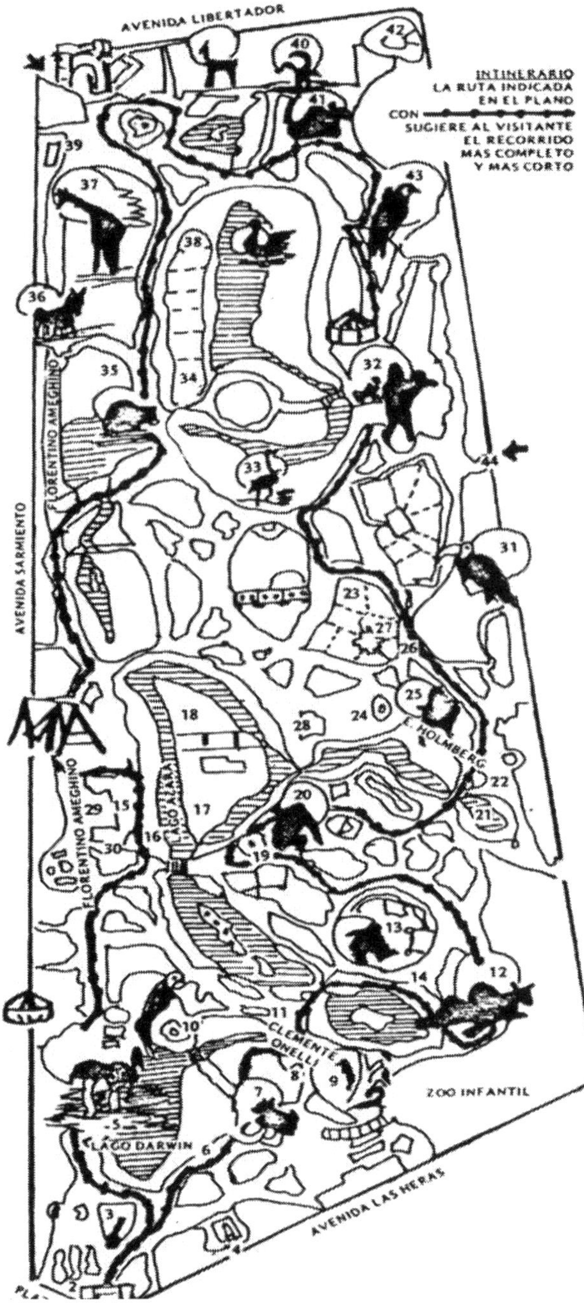
AVENIDA LIBERTADOR
INTINERARIO
LA RUTA INDICADA
EN EL PLANO
CON
SUGIERE AL VISITANTE
EL RECORRIDO
MAS COMPLETO
Y MAS CORTO
AVENIDA SARMIENTO
FLORENTINO AMEGHINO
LAGO AZARA
E. HOLMBERG
CLEMENTE ONELLI
LAGO DARWIN
ZOO INFANTIL
AVENIDA LAS HERAS

¿LO SABÍAS? ¡PREGUNTANDO!

¿QUIÉNES PARTICIPAN?
Una familia, varias familias, un grupo de chicos con un animador de juego o docente.

¿CUÁNTOS PARTICIPAN?
Los que deseen, divididos.

PARA QUÉ DEL JUEGO
Descubrir encontrando respuesta a curiosidades relativas al zoológico.

¿DONDE REALIZARLO?
En casa, mientras nos preparamos para ir al zoológico. En el auto o colectivo mientras vamos al zoológico.

MATERIAL NECESARIO
Saber las curiosidades a plantear.

El juego consiste en:

En casa, mientras nos preparamos; en la escuela como ambientación a la experiencia; en camino de ida o de regreso al zoológico para distraernos JUGANDO Y PENSANDO...

1) Plantear estas u otras curiosidades -al final del libro, en curiosidades para niños pensando y juguetones, encontrarás más- para ubicar y/o poner en ambiente:
a) ¿LO SABÍAS?
¿Cuántas patas hay en un corral donde están dos jirafas sumado a un corral donde hay tres cebras?
b) ¿LO SABÍAS?
¿Por qué iluminan las luciérnagas?
Cuando llegues al zoológico te invitamos a averiguar si existe la jaula de las luciérnagas. Si no las encuentras, piensa y comparte ideas sobre el por qué.
c) ¿LO SABÍAS?
¿Cuáles son los animales que están en el zoológico y ayudan al hombre en su tarea?
d) ¿En qué se parecen los animales y los hombres?

2) Algunas posibles respuestas:
a) Veinte (20) patas.
b) Tienen en su abdomen un órgano especial que segrega una sustancia química que al ponerse en contacto con el aire produce luz.
c y d) No necesitan respuesta, hay múltiples y variadas.

3) Sigue armando curiosidades y propone a los niños fabricarlas según sus ocurrencias.

¡ADELANTE!
CON MÁS CURIOSIDADES Y NO DEJES DE CURIOSEAR...

POR TIERRA: ¿CÓMO?

¿QUIÉNES PARTICIPAN?
Niños a cargo de un animador de juegos.

¿CUÁNTOS PARTICIPAN?
Entre treinta (30) y cuarenta (40) chicos.

PARA QUÉ DEL JUEGO:
Entretenerse diferenciando desplazamiento de animales.

MATERIAL NECESARIO
Afiche con los animales dibujados o copias individuales.

El juego consiste en:

1) Observar el gráfico y realizar los distintos desplazamientos.

2) Para esto, primeramente los niños reconocen los animales y los denominan por su nombre.

3) Ante el planteo de la siguiente situación problemática: estos animales que van por tierra ¿cómo se desplazan?, los niños tratarán de dar todo tipo de respuestas.

4) El animador de juegos, invitará a realizar los desplazamientos según propuesta de los chicos.

5) Reconocidos los desplazaminetos por la propia acción, se los invitará a realizar carreras.

Por ejemplo, todos imitamos a la rana y corremos como ella a los saltos.
O corremos reptando como víboras.
O corremos como un canguro... o cualquier otro animal que se desplace por tierra.

6) Esto dará lugar a distintos tipos de carreras y desplazamientos.

7) Podrían organizar una carrera final, con distinto tipo de animales, ¡resulta divertidísimo!, si se quieren establecer diferencias.

¿VELOCES COMO QUIÉN?

¿QUIÉNES PARTICIPAN?
Adultos y niños.

¿CUÁNTOS PARTICIPAN?
Los que deseen, pero formados en pequeños grupos, no más de cinco personas.

PARA QUÉ DEL JUEGO:
Entretenerse obteniendo nueva información con respecto al mundo animal.

¿DONDE REALIZARLO?
En un lugar abierto, donde se pueda correr.

MATERIAL NECESARIO
¡Muchas ganas de jugar y de saber!

El juego consiste en:

1) Formar grupos de cinco personas -conviene mezclar adultos y chicos para mayores logros-.

2) El animador propone: CORRIENDO SEREMOS TAN VELOCES, más o menos que:
Para saberlo debemos correr de una raya a otra: ida y vuelta.

NOTA: en el patio o campo se habrá hecho previamente una raya de partida y otra de llegada.

3) Habrá varias personas tomando la velocidad de los participantes que corran de una línea a otra.

4) Al toque de silbato, los participantes de un solo equipo deberán salir corriendo a la mayor velocidad posible. Al concluir, ante nuevo toque de silbato, saldrá el equipo ya designado y así sucesivamente.

5) Cronometrado el momento de mayor velocidad de cada uno, se sumarán los resultados (por aproximación).

6) Sumados los mismos, se le entrega a cada participante una cartilla con los datos de los animales más veloces; su propio recorrido, y la velocidad máxima del grupo.

Se añaden para completar los datos comparativos.
A modo de ejemplo:

> **SE SABE QUE:**
> . La velocidad mayor de una persona que corre muy rápido es de 32 km. por hora.
> . El animal terrestre más veloz, llamado leopardo de Asia y África -en distancia corta- puede correr a una velocidad de alrededor de 105 km. por hora.
> . Los ciervos y antílopes alcanzan velocidades máximas de 80 y 97 km. por hora.
> . El pez más veloz nada a una velocidad de 109 km. por hora.
> . Las libélulas pueden moverse a velocidad de 35 km. por hora.

. *Los pájaros más veloces: el vencejo y el halcón peregrino vuelan a más de 170 km. por hora.*

. *Cuando el halcón peregrino, repliega sus alas contra su cuerpo, volando hacia abajo, puede hacerlo a 360 km. por hora.*

YO .... corrí a una velocidad máxima de .... km. por hora.
Mi grupo logró una velocidad máxima de .... km. por hora.
El grupo es veloz como .... porque logró una velocidad máxima de .... km. por hora.
El grupo es menos veloz que .... porque logró ....km. por hora.
El grupo es más veloz que .... porque logró .... km. por hora.

> Pensar, saber, correr,
> TODO es JUGAR APRENDIENDO.

7) Se tratará de buscar la mayor cantidad de posibilidades. (Esto depende del resultado final).

8) Armado un simulacro de podio, subirá cada grupo al mismo, por orden de velocidad lograda.

9) Dado el resultado, el grupo correspondiente imitará al animal en su forma de correr o volar.

Y así concluye este juego entre correr y saber.

INFORMACIÓN A TIEMPO

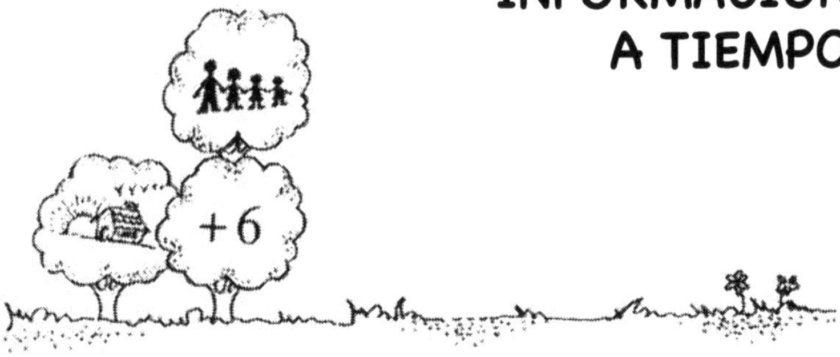

¿QUIÉNES PARTICIPAN?
Una familia, varias familias, un grupo de chicos con un adulto.

¿CUÁNTOS PARTICIPAN?
Los que deseen, divididos en grupos de seis.

PARA QUÉ DEL JUEGO
Entretenerse, jugando y aprendiendo.

MATERIAL NECESARIO
Tarjetas - rompecabezas, texto informativo, muchos deseos de jugar y aprender.

El juego consiste en:

a) Se divide a los niños en grupos de seis (6) y se entrega a cada uno una (1) imagen -dividida en rompecabezas- para armar y un texto que no corresponda a la imagen.

NOTA: para esto fotocopia la hoja que a continuación te sugerimos, pégala sobre cartulina y corta por la línea entera, luego coloca en un sobre las piezas e información contraria.

Ellos necesitan horas de descanso no solamente durante la noche. No debe esperar que estén en actividad cuando Ud. pase. Por favor sea considerado y no les arroje piedras ni desperdicios.

Por favor, nosotros no podemos ser responsables de sus pertenencias ni de sus niños. Deje sus radios y grabadores en su casa y trate de no hacer ruido especialmente cerca de los animales.

Muchos de ellos no saben cuándo deben parar, pasan el día pidiendo. Pierden salud y a veces mueren por ingerir comida inadecuada, comiendo en demasía o incorporando objetos nocivos.

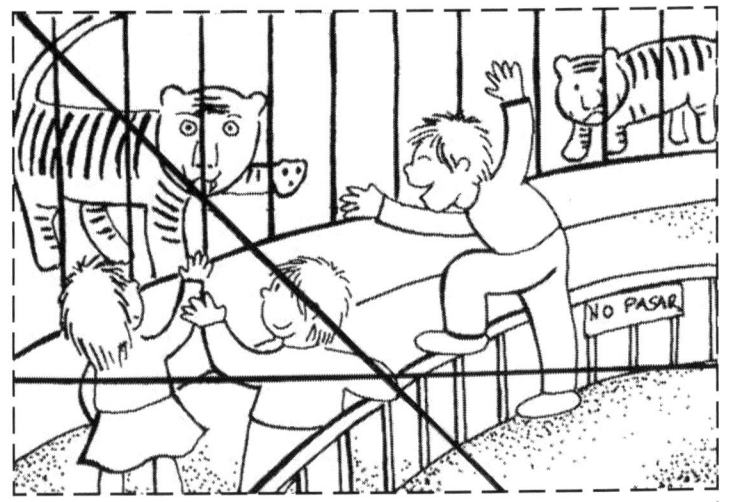

Han sido colocadas como factor de seguridad, para no ser lastimados ni Ud. ni los animales. Por favor no los toque y evitará este riesgo.

31

b) Los niños reunidos comentarán las imágenes, después de armarlas; tratando de encontrar el texto correspondiente a cada una. Para encontrar el texto, intercambiarán información dentro del mismo grupo.

c) Armado el rompecabezas y reunidas las imágenes con el correspondiente texto, escribirán un (1) lema que será el que utilizarán en el zoológico como incentivo de las pautas que se deben observar en el mismo.

d) Luego se le dará a cada grupo una fotocopia de la noticia publicada en el diario LA NACION del día 23 de noviembre de 1988 (en el caso de niños más grandes).

> **Murió en el Zoológico el ejemplar de jirafa**
>
> El único ejemplar de jirafa existente en el jardín Zoológico de Buenos Aires falleció como consecuencia de haber ingerido elementos de plástico arrojados por visitantes de ese paseo público.

e) Los niños comentarán la noticia, como medida de prevención.

¡ATENCIÓN!
Si estamos informados,
nosotros disfrutamos
y a los animales no molestamos.

¡SIGAMOS JUGANDO Y APRENDIENDO!

¡TODOS A COMER!

¿QUIÉNES PARTICIPAN?
Una familia, varias familias, un grupo de chicos con un animador de juego o docente.

¿CUÁNTOS PARTICIPAN?
Los que deseen, divididos en grupos de seis.

PARA QUÉ DEL JUEGO:
Entretenerse conociendo pautas elementales para una visita al zoológico.

¿DONDE REALIZARLO?
En casa o al aire libre, en ocasión de una visita al zoológico.

MATERIAL NECESARIO
Tarjetas para cada equipo, con el proceso "¡Todos a comer!".

El juego consiste en:

1) Divididos en grupos de seis, se entrega a cada uno de los niños, una tarjeta de las correspondientes a la pauta "¡Todos a comer!" extraída del archivo de la División de extensión cultural de la Dirección del zoológico.

Tarjetas propuestas:

¡TODOS A COMER!

En este sector se procesan los alimentos: trozado y picado de carne vacuna y cocción, preparándose las dietas individuales.
Estas se colocan en diferentes envases rotulados, o en cajones, pesándose cada uno y agrupándose según las distintas secciones. Otro tipo de raciones están constituidas por pasto seco, granos y alimentos balanceados comerciales.

Todos los días a las 8 se realiza una recorrida por los recintos para control e inspección del nivel de consumo, estado de comederos y otras observaciones. Posteriormente y antes de la nueva provisión se realiza una limpieza general.

Diariamente el Jardín Zoológico recibe alimentos frescos: carne vacuna, pescado y frutas, que llegan en camiones a las 6 hs. Otros alimentos se reciben periódicamente (cuatrimestral o semestralmente) y son almacenados en depósitos.

Todos los días, un equipo de técnicos, revisa la calidad de los alimentos, rechazando los que no se encuentran en buenas condiciones.

Se prepara además una mezcla y molienda de diversos granos: avena, afrecho, girasol, maíz y lino. A esta mezcla se le adicionan sales minerales y vitaminas.
Este preparado se almacena, fraccionándose luego las raciones diarias destinadas a las distintas especies.

Todos los días a las 9 horas, se realiza la provisión de raciones en el jardín, por medio de camiones. Las mismas son recibidas por los cuidadores, los cuales las colocan en comederos.

2) Cada uno de los niños, leerá al resto del grupo la tarjeta y, luego de debatir sobre el contenido, tratarán de ordenarlas representando lo contrario de las acciones que en la viñeta se propone.

> **NOTA:**
> el orden de las mismas es
> I recepción
> II control
> III cocina y carnicería
> IV mezcla y molienda
> V inspección
> VI provisión

3) Discutirán sobre si lo contrario es lo "que se hace" o lo "que se debe hacer".

4) El animador de juego buscará se logren las conclusiones.

5) De esta manera al llegar al zoológico, estarán mejor preparados para observar y preguntar.

¡ADELANTE!
JUGUEMOS ENTRE TODOS...
¡TODOS A COMER!

¡A CAZAR DATOS!

¿QUIÉNES PARTICIPAN?
Una familia, varias familias, un grupo de chicos con un adulto.

¿CUÁNTOS PARTICIPAN?
Los que deseen.

El juego consiste en:

1) Dado que en el jardín zoológico hay ciertos datos consignados en cada jaula, cada niño recibirá una invitación ¡A CAZAR DATOS!, que irá consignando a medida que recorre el camino. (Según elección previa del animador de acuerdo con la edad de los niños).

¡CHICOS! ¡VAMOS A CAZAR DATOS!

¿COMO HACERLO?

A medida que recorres el zoológico, podrás informarte sobre todo lo que a continuación te detallamos:

Orden
Familia
Nombre científico
Habitat
Distribución geográfica
Número de crías
Comportamiento reproductor, apareamiento, cortejo, galanteo, celo
Conducta social, familiar
Período de gestación
Peso
Edad promedio
Tipo de alimentación
Caracteres externos comunes y diferenciales
Comportamiento (conducta)

¿QUE DATOS puedes encontrar por TU PROPIA OBSERVACION?

¡No te pierdas la oportunidad de hacerlo!

2) Al terminar el recorrido, como verdadero investigador, podrás confeccionar un fichero con los datos obtenidos. Habrás logrado ASI, en pocos minutos, valiosa información, que de otra manera te hubiera demandado muchos días. Y, lo más importante, los datos fueron obtenidos a partir de la experiencia directa.

RECUERDA
EN ESTE CASO ESTÁS APRENDIENDO
DESDE LA VIDA PARA LA VIDA.
¡JUEGALO Y LO COMPROBARAS!

¡COLOR, RAYAS Y/O MANCHAS!

¿QUIÉNES PARTICIPAN?
Una familia, varias familias, un grupo de niños con un adulto.

¿CUÁNTOS PARTICIPAN?
Los que deseen.

PARA QUÉ DEL JUEGO
Entretenerse jugando y aprendiendo.

MATERIAL NECESARIO:
Plano del Zoológico.

El juego consiste en:

1) Proponer a los niños, elegir cualquiera de las siguientes posibilidades:
   - *ataque y defensa,*
   - *color, rayas, manchas y dibujos en los animales,*
   - *orejas, colas, ojos,*
   - *vuelo...,*
   - *patas, locomoción.*

- O bien se elige una de las posibilidades y se hace la propuesta. **Por ejemplo**: hoy visitaremos el zoológico para ver color, rayas, manchas y/o dibujos en los animales.

2) Plano en mano, los niños van recorriendo el zoológico y a medida que descubren en cada animal la propuesta hacen anotaciones. Podrían llevar una (1) hoja con los animales dibujados, para que ellos -con crayones- a medida que observan vayan pintando y/o marcando.

3) Al concluir el recorrido, los animales del papel mostrarán una paleta multicolor.

4) Ya ahora, se podrían reunir todas las hojas, jugando a establecer comparaciones y diferencias.

> **Por ejemplo:**
> ¿Quiénes tienen más manchas?
> ¿Cuáles son rayados?
> ¿Quiénes son más coloridos?
> ¿Dónde aparecen las manchas y de qué color?
> Y... Colorín... Colorín... ¡qué juego más colorido hoy nos ha divertido!

NOTA: si hoy jugaste sólo con manchas, color, rayas y/o dibujos, ¡fíjate cuántas veces más podríamos jugar en el zoológico aprendiendo!
El plano del zoológico lo encuentras en el juego: "captura del alimento".
No olvides adaptar el juego, si juegas con pequeños.

Aprender jugando
¡HOY! JUEGOS DEL GRANJERO

(Preguntas en la ilustración:)
¿Todos los mamíferos son terrestres?
¿Con qué parte del cuerpo canta el grillo?
¿Hay montañas en el sol?

Respuestas:

- No todos los mamíferos son terrestres; hay marinos como el delfín y la ballena.
- El grillo canta con las patas y las alas.
- En el sol no hay montañas, está compuesto por gases a altísima temperatura.

Aprender jugando
¡HOY! JUEGOS DEL GRANJERO

... La granja resulta para el niño un verdadero *laboratorio natural*. Estos juegos intentan desarrollar en los chicos la curiosidad y creatividad partiendo de los recursos más próximos, de las realidades más cercanas.

... La naturaleza allí presente despierta inquietud, es una convocatoria a vivenciar; ya que todo puede ser observado y manipulado tomando las debidas precauciones.

... Los talleres de transformación ayudan al niño a valorar el trabajo como algo productivo, gozoso y útil.

... He tenido en cuenta todo esto, por eso, ya puedes prepararte para ir a una granja y realizar los juegos del granjero.

¡ADELANTE!

¡SOMOS GRANJEROS!

¿QUIÉNES PARTICIPAN?
Toda la familia, o varias familias, o un docente con un grupo de niños, o un animador de juego con un grupo de chicos.

¿CUÁNTOS PARTICIPAN?
Los que deseen, divididos en grupos pequeños.

PARA QUÉ DEL JUEGO:
Experimentar disfrutando:
- qué se realiza en una granja,
- cómo se construye en los talleres de transformación.

DURACIÓN:
Si se realizan las dos partes del juego, puede durar todo un día.

¿CUÁNDO REALIZARLO?
En un cumpleaños, una reunión de amigos...

MATERIAL NECESARIO:
Laboratorio natural: una granja; y lo que en cada taller de transformación se solicita, retazos de tela.

SE TRATA DE PASAR MEDIO DÍA
O UN DÍA EN CONTACTO CON LA NATURALEZA
PARA EXPERIMENTAR JUGANDO.
¿SE ANIMAN? ¡EMPECEMOS A PREPARARNOS!

El juego consiste en:

+ PRIMERA PARTE:
    dividir en grupos de aproximadamente doce (12) personas, para disfrutar de la experiencia de "SER GRANJEROS".

    ¡JUGANDO EXPERIMENTAMOS!

a) Dando de comer a los animales, observando de qué y cómo se alimentan.

b) Ordeñando la vaca y viendo cómo se muestra ella durante el ordeñe y por qué.

c) Observando el desarrollo de un pollito en los huevos de una incubadora y preguntando cómo se construye una incubadora artificial para ver si puedo realizar la experiencia en algún lugar.

d) Labrando la tierra, abonando y sembrando, a la vez que construyendo creativos espantapájaros con retazos de tela.

e) Juntando todo tipo de cosa que despierte curiosidad -sin dañar la naturaleza- para explorarlo...

+ SEGUNDA PARTE:
    invitamos ahora al grupo a ser granjeros, utilizando la materia prima en talleres de transformación.

***ATENCIÓN:** la segunda parte del juego se puede realizar también en casa; aunque resulta muy placentero jugar la experiencia en pleno campo.*

¿A qué llamamos talleres de transformación???
A la posibilidad de transformar la materia prima en productos útiles.

¡COMENZAMOS!

El animador de juego propone al grupo:

a) ¿Saben cómo se hace el pan?

MATERIALES:
harina, agua, sal, levadura de cerveza y horno para cocinar el pan.

b) Sigue conduciendo al grupo en la experiencia juego utilizando la PREGUNTA como estímulo para provocar distintas respuestas tentativas:

- ¿Qué ingredientes necesitamos?
- ¿Qué pasa si no usamos levadura?

c) Para introducir a la experiencia juego se puede convertir el trigo en harina. Para esto aplastamos los granos con una botella de vidrio o los pasamos por alguna máquina trituradora. Lo pasamos por distintos tamices para separar la envoltura de la harina. La envoltura del grano es el afrecho utilizado en la alimentación de los animales, y la harina para hacer pan, pastas, masas...

d) ¡MANOS A LA OBRA!

El animador invita al grupo a convertirse en
GRANJEROS - PANADEROS.
Todos y cada uno seguirán el siguiente proceso:

- amasan harina con agua y una pequeña cantidad de sal,
- le agregan levadura de cerveza en pequeña cantidad,
- siguen amasando hasta obtener una pasta homogénea,
- cortan la masa en trozos,
- dejan reposar hasta que aumente el doble de tamaño, antes de ponerlo en el horno,
- al sacar el pan del horno presenta una corteza endurecida, crocante, que envuelve la miga. Este pan lo llamamos casero. Si no colocamos levadura, la masa quedará menos esponjosa.

Otra posibilidad de juego es convertirse en "GRANJEROS FABRICANTES" de... manteca y dulce de leche...

MATERIALES:
1 kilo de crema, tres litros de leche, medio litro de agua, 1 kilo de azúcar, vainilla a gusto, media cucharadita de bicarbonato.

El animador de juego propone al grupo:

a) ¿Saben cómo se hace la manteca? Acepta todo tipo de respuesta, que luego se comprobará o no, durante el proceso de elaboración de la misma.

b) Colocada la crema en un recipiente grande, todos toman un tenedor y baten bastante tiempo, hasta convertirla en manteca.

c) A medida que se desprende el líquido -llamado suero- se saca de ella y la manteca se lava.

Y haciendo un alto, ya se pueden untar ricas rebanadas de pan fresco, tostadas calientes y bizcochos crocantes...

El animador de juego, reparte a los integrantes del mismo la siguiente esquela:

¿SE ANIMAN A COMER DULCE DE LECHE CRIOLLO?

Para esto:

- colocamos todos los ingredientes en una cacerola,
- cocinamos a fuego fuerte, revolviendo lentamente,
- cuando empieza a tomar punto disminuimos el fuego y revolvemos hasta que se ponga espeso,
- lo retiramos y colocamos en una compotera,
- y después ¿comemos la raspa???

¡OJO!, esperar que se enfríe para untar el pan.

¡Que salga RIQUÍSIMO!!!

Cada grupo será responsable de una cacerola de dulce de leche y, mientras se va haciendo el dulce, vamos desgranando adivinanzas...

"orejas largas, rabo cortito: corro y salto muy ligerito".
(ojenoc le)
"Cede su ropaje de lana, para darte el traje mañana".
(ajevo al)
"¿Cuál es el vegetal que leído de derecha a izquierda resulta un animal?".
(zorra)

¡AH! NO TE OLVIDES de jugar al reportero, preguntando todo lo que se te ocurre a los dueños de la granja; y si quieres también al fotógrafo, para armar tu propio montaje audiovisual.
También podrías inventar ritmos, con acompañamiento de elementos recogidos en el lugar: piedras, frutas, huesos...

- Y después de tanto jugar, qué bien viene contemplar un poco el campo y la naturaleza en sus distintos movimientos.
  Es otra manera de investigar,
  JUGANDO A DESCUBRIR CON LA MIRADA.

Para no aburrirse durante el viaje, juegos y más juegos con la naturaleza, también para antes de jugar al granjero y de regreso...

> **NOTA: es necesario adaptar el juego y el tiempo utilizado al grupo de niños.**

MÉMORI ALIMENTARIO

¿QUIÉNES PARTICIPAN?
Una familia, o varias familias, o un docente con un grupo de niños, o un animador de juego con un grupo de chicos...

¿CUÁNTOS PARTICIPAN?
Los que deseen, divididos en grupos pequeños.

PARA QUÉ DEL JUEGO:
Disfrutar creando a partir de la realidad natural.

DURACIÓN:
Veinte (20) minutos para lograr la respuesta, y un tiempo equivalente para presentarlas si son tres grupos.

MATERIAL NECESARIO:
Tarjetas con el dibujo o nombre del animal, con las correspondientes consignas; según a, b y c.

El juego consiste en:

1) Disponer a los jugadores para que tengan necesidad de crear tomando como referencia experiencias e investigaciones relativas a ciencia.

Para esto les comentaremos:

¿SABÉS por qué Robinson Crusoe pudo vivir en una isla deshabitada?
Pudo hacerlo porque encontró animales y plantas para alimentarse, según lo cuenta Daniel Defoe que fue quien creó el personaje.

2) El animador del juego les contará que en el mismo aparecerán:
   - plantas, capaces de producir su propio alimento llamadas productores,
   - animales que dependen de las plantas para vivir, llamados consumidores,
   - hongos y bacterias que descomponen a los seres vivos, llamados descomponedores.

3) Cada grupo sacará una tarjeta donde se planteará una tarea para resolver y tendrá veinte (20 minutos) para dar la respuesta. Lograda la solución, leerán los alimentos y mostrarán sus logros con representación y/o mímica según cada propuesta.

IMPORTANTE SABER para poder jugar:

- los animales herbívoros sólo comen plantas,
- los animales carnívoros se alimentan de la carne,
- los animales omnívoros comen tanto vegetales como animales.

Algunos ejemplos de tarjetas:

a) Si la tarjeta tiene el dibujo, por ejemplo, de un caballo (hervíboro), los niños deberán pensar y escribir diez (10) alimentos posibles para ese animal.
. **Con letras de la palabra carnívoro, combinadas con sílabas de algunos de los alimentos, fabricarán cinco acciones posibles de representar relativas al caballo.**

b) Si la tarjeta tiene, por ejemplo, el dibujo de un águila (carnívoro), los niños pensarán y escribirán seis (6) alimentos que podría comer ese animal.
. **Con letras de la palabra carnívoro combinadas con sílabas de algunos de los alimentos, fabricarán nueve (9) cualidades aplicables al águila, posibles de representar.**

c) Si la tarjeta tiene, por ejemplo, el dibujo de un cerdo (omnívoro), los niños pensarán y escribirán diez (10) alimentos posibles para ese animal.
. **Con letras de la palabra cerdo y letras de sus alimentos, formarán pronombres posibles de representar con mímica.**

MUCHAS otras tarjetas se le pueden ocurrir al animador para poder disfrutar creativamente desde el mundo natural.

Este es un juego con sabor a muchas cosas nuevas.
¿TE ANIMÁS A PROBARLO?

CALORAMA ¿ES VERDAD QUE LA LANA DA CALOR?

¿QUIÉNES PARTICIPAN?
Un animador de juego con un grupo de niños, toda la familia, un docente con sus alumnos.

¿CUÁNTOS PARTICIPAN?
Los que deseen, divididos en grupos pequeños.

PARA QUÉ DEL JUEGO:
Disfrutar probando materiales que son buenos aisladores y conservan la temperatura.

DURACIÓN:
Según el número de integrantes, se puede extender a cuarenta y cinco (45) minutos.

MATERIAL NECESARIO:
Objetos metálicos, recipiente con agua hirviendo, tejido de lana, hielo.

El juego consiste en:

EXPERIMENTAR CON CURIOSIDAD...

1) Todos los participantes colocan su objeto metálico en agua caliente.
   - Al cabo de un rato lo retiran.
   - La mitad de los chicos envuelven su objeto en lana y el resto lo deja sin envolver, en contacto con el aire.
   - Mientras pasa un tiempo prudencial se discute sobre, ¿cuál será el resultado?
   - Obtenidas las respuestas, se constata lo sucedido.

2) Luego todos toman cubitos de hielo de similar tamaño.

   - A unos les pedimos los envuelvan en lana, mientras los otros los dejan en contacto con el aire.
   - También en este caso los niños tratarán de intercambiar opiniones buscando respuestas.

3) Las respuestas 1 y 2 tratarán de justificarse, y con ellas armarán la hipótesis del juego en experiencia.

4) El resultado de la experiencia puede llevar a cambiar las hipótesis y a nuevos intentos en el juego-experiencia.

5) Ya ahora, es NECESARIO aparezca el interrogante: ¿por qué nos abriga la lana?
   - Cuantas más ideas se prueben e intercambien, más atractivo resultará el juego en cuestión.

6) El juego experiencia muestra que:

> *LA LANA CONSERVA tanto la temperatura alta,*
> *como la baja.*
> *LA LANA no da calor,*
> *sino que es un BUEN aislante térmico.*

¿LO SABÍAS?
Si lo sabías, ahora pruébalo.
Como dijimos al principio del juego:

SE TRATA DE EXPERIMENTAR
CON CURIOSIDAD...

¡¿PREGUNTALE AL SOL?!

¿QUIÉNES PARTICIPAN?
Un grupo de chicos con padres, un docente con alumnos, un animador de juegos con un grupo de niños.

¿CUÁNTOS PARTICIPAN?
Los que deseen.

PARA QUÉ DEL JUEGO:
Recrearse a la luz del sol, buscando ¿por qué y cómo? y dibujando con sus rayos.

DURACIÓN:
Una hora aproximadamente.

¿CUÁNDO REALIZARLO?
En un día de sol.

MATERIAL NECESARIO:
Preguntas y más preguntas, linterna potente, bolitas de telgopor, alambres de medio metro cada uno, elementos de desecho, pilas, espejos y un día de mucho sol.

El juego consiste en:

a) El animador coloca en ronda a los participantes y da comienzo al juego preguntando a los componentes del grupo: ¿ALGUNA VEZ SE LES OCURRIÓ JUGAR A HACERSE PREGUNTAS?

- Es un juego de nunca terminar.

b) Llevamos a los componentes del grupo a un lugar al aire libre, de mucho sol y los invitamos a:

- colocarse de cara al sol, acostados sobre el pasto o piso,
- dejarse inundar y calentar por sus rayos.

c) Inmediatamente solicitamos lanzar al aire todas las preguntas que se les ocurran, y para incentivar comenzamos nosotros.

. ¿Quién es más grande: el sol o la tierra?
. ¿Por qué nos da tanto calor?
. ¿Cómo nos ilumina?
. ¿Hasta cuándo permanecerá encendido?
. Dejamos que los chicos pregunten todo lo que se les ocurra...

d) Es un JUEGO DISPARADOR de INTERROGANTES, ahora ¿qué podríamos hacer?

. *Preguntar a otros que se encuentren en el lugar, haciéndoles un reportaje.*
. *Hacer una encuesta en la calle.*
. *Buscar libros para consultar (el animador los habrá traído).*
. *Todas las posibilidades son válidas.*

e) El orientador del juego podría proponer armar un dispositivo del sistema solar, con los elementos ya solicitados: linterna potente, bolitas de telgopor y alambres de medio metro.

- La linterna ocupará el lugar del sol, las bolitas de telgopor -planetas- por medio del alambre girarán sobre su eje y se moverán alrededor del sol, en la trayectoria llamada órbita.

- Si queremos jugar con más precisión buscaremos información sobre el tamaño de los planetas y jugaremos en órbita con los nueve (9) planetas. Es interesantísimo hacer la EXPERIENCIA. Despierta a muchas otras PREGUNTAS CURIOSAS e insospechadas.

f) Según la edad de los niños, el dispositivo del sistema solar puede ser reemplazado por jugar dibujando en paredes, y/o con "¿sabías?".

- Para esto cada niño tendrá un pequeño espejo en la mano.

- El animador propondrá: ¿jugamos con el espejo?

- Hacemos colocar el espejo de manera que lleguen rayos de luz al moverlo. El rayo se proyectará en distintas direcciones reflejándose en diferentes lugares y objetos donde haya sombra, según la inclinación que le demos.

¿SABÍAS?

El rayo que llega al espejo se llama rayo incidente y el que sale del espejo (luego de sufrir la desviación) rayo reflejado.

Ahora, que ya lo sabes, o recuerdas lo que sabías, puedes proponer: JUGAR CON EL RAYO REFLEJADO a dibujar en paredes y/o sobre la alfombra verde del pasto.

JUGAR haciendo círculos, espirales entrecruzar con otros rayos reflejados formando una danza de rayos, y si quieres animar más aún la naturaleza, coloca música, resultará relajador de tensiones y facilitador de un mejor clima de juego.

g) Es importante que a lo largo del juego el animador provoque curiosidad por medio de "¿sabías?", por eso damos algunos ejemplos:

¿SABÍAS?

El sol es un estrella que dista 150 millones de km. de la tierra y su volumen es un millón trescientos mil (1.300.000) veces mayor.

¿SABÍAS?

Opinan los investigadores que el sol podrá permanecer encendido más o menos otros quince billones de años.

¿SABÍAS?

En la superficie del sol habría una temperatura de cinco mil setecientos veintisiete (5.727) grados, mientras en las profundidades entre diecinueve (19) y treinta (30) millones de grados.

Haciendo este juego, un niño me dijo:

> *"¡Basta ya de 'sabías'! Yo quiero probar con todos los materiales que tengo, para armar el sistema solar en movimiento".*

Fue así como junto a su padre logró lo propuesto y al otro día trajeron un sistema solar en movimiento...

¡Se trató de ingenio!

¿PODRÍAN PROBAR?

¡CENSO CAMPESTRE!

¿QUIÉNES PARTICIPAN?
Chicos con sus padres, o con docentes, o con animadores de juego.

¿CUÁNTOS PARTICIPAN?
Los que deseen, divididos en grupos de ocho (8).

PARA QUÉ DEL JUEGO:
Disfrutar experimentando e investigando en la naturaleza.

DURACIÓN:
Dos horas aproximadamente.

MATERIAL NECESARIO:
Lugar donde haya malezas de diferente tipo.

El juego consiste en:

1) Determinado un lugar donde hay maleza y divididos en grupos, los participantes son invitados a elegir una porción de terreno de un (1) metro cuadrado aproximadamente; lo marcarán con estacas en los vértices.

2) Delimitan la superficie por medio de hilos que son sujetados a las estacas.

3) Se toma una planta correspondiente a cada maleza que se encuentra dentro del cuadrado. (Para evitar confusión se retira un ejemplar de cada tipo).

4) Luego se relevan todas las plantas obtenidas.

5) El grupo que termine y cuente con mayor cantidad de elementos vegetales dará a conocer los resultados; o el que haya obtenido mayor diversidad de población vegetal.

¡SEÑORES CENSISTAS! ¡Mucha atención!

Que este censo vegetal nos debe llevar a conocer muchos datos más...

¿MIPIDEPE ARPABOLPO?

¿QUIÉNES PARTICIPAN?
Una familia, un grupo de familias, una animadora de juegos con chicos, un docente con alumnos.

¿CUÁNTOS PARTICIPAN?
Los que deseen, divididos en grupos pequeños.

PARA QUÉ DEL JUEGO:
Entrenerse mientras averuguan la altura de los árboles.

DURACIÓN:
Depende de la cantidad de personas y árboles que quieran medir.

MATERIAL NECESARIO:
Una madera al estilo de una varilla de longitud similar al brazo de cada jugador.

El juego consiste en:

a) Proponer al grupo o grupos, en un lugar donde hay árboles; ¿mipidepe arpabolpo?

b) Adivinando el nombre del juego, los participantes son invitados a preparar el material necesario para el mismo.

c) Para poder jugar:

> . *tomar una varilla de longitud similar a la de su brazo,*
> . *ubicarla de tal manera, que la punta de la copa del árbol y el extremo superior de la varilla se encuentren en una misma línea visual,*
> . *para darnos idea, te presentamos un gráfico: (ab) altura del árbol.*

d) Luego cuentan en pasos la distancia desde allí hasta la base del árbol.

e) De la cantidad de pasos resultará la altura del árbol.

f) Y... ya podemos prepararnos con cronómetro en mano, para medir en quince (15) minutos la mayor cantidad de árboles, y así constatar quién midió mejor y más rápido.

g) Los niños y padres y/o docentes, animadores de juego, formarán grupos para medir y constatarán la experiencia-juego realizada.

Y un SABÍAS INTERESANTE
acerca de la influencia de la masa arbórea sobre factores abióticos.

Las copas de los árboles pueden modificar los factores climáticos tales como el viento, luz, agua... En el caso de que las copas sean redondeadas, el volumen ocupado será mayor, consecuentemente, habrá disminución de luz, agua y vientos para las especies que se encuentran bajo los árboles. Contrariamente, los bosques formados por coníferas (piramidales) permiten el paso de los nombrados agentes físicos hacia la zona sub-arbórea.

¡UN SABÍAS que pueden observar mientras realizan el juego!

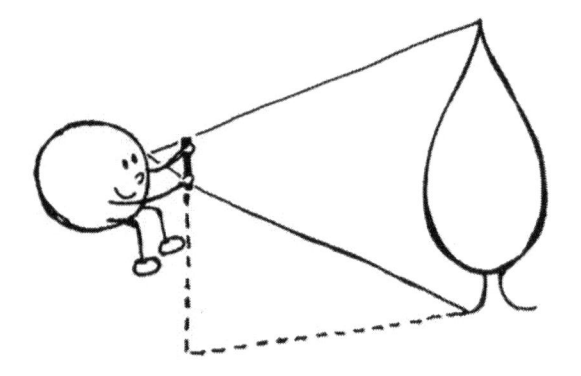

¿QUIÉN ES QUIÉN?

¿QUIÉNES PARTICIPAN?
Niños con un animador de juego, padres y/o docentes.

¿CUÁNTOS PARTICIPAN?
Un grupo entre veinte (20) y treinta (30) personas.

PARA QUÉ DEL JUEGO:
Entretenerse resolviendo una situación que ocurre en el mundo natural.

DURACIÓN:
Media hora.

MATERIAL NECESARIO:
Niños dispuestos para jugar, tarjeta con texto.

El juego consiste en:

1) Armar una ronda con todos los participantes.

2) Solicitar tres voluntarios: uno hará de pez, otro de rana y un último de flamenco.

3) La rana y el pez se colocarán dentro de la ronda, y el flamenco fuera.

4) A medida que el animador relata el texto, se irá desarrollando el juego.

5) El animador dirá: NO DEJARÉ QUE ME DEVORES, GRITÓ LA RANA AL PEZ QUE LA PERSEGUÍA..., mientras el pez corre a la rana.

   - Cuando el animador añada: DE UN SALTO ALCANZÓ LA ORILLA..., todos deben hacer lo posible, sin romper la ronda, para que la rana pueda escapar pero el pez no pueda salir.

   - Al salir la rana, se escuchará la voz del animador que agregará:

   - **PERO ALLÍ LA ESPERABA UN FLAMENCO, QUE ¡NI LERDO, NI PEREZOSO! LA CORRIÓ PARA COMERLA RÁPIDAMENTE... PERO LA RANA MIENTRAS ERA PERSEGUIDA ATRAPABA INSECTOS PARA TENER FUERZAS.**

   - El flamenco correrá a la rana, durante el transcurso de unos minutos, si no logra apresarla, saldrá victoriosa.

6) Después de vivenciada esta parte del juego, se invita a los niños sentados en ronda, a reconstruir el relato.

   - **No dejaré que me devores, gritó la rana al pez que la perseguía; de un salto alcanzó la orilla, pero allí la esperaba un flamenco, que ¡ni lerdo, ni perezoso! la corrió para comerla rápidamente... pero la rana mientras era perseguida atrapaba insectos para tener fuerzas.**

7) Posteriormente se promueve la reflexión por medio de algunas preguntas.

A modo de ejemplo:

. ¿Quién comió a quién?
. ¿Por qué ocurre esto?
. ¿Qué les plantea el juego?

> **SEGÚN LA EDAD,** el juego puede recibir adaptaciones.

Para cantar en noches de granja:

"Hermosa lunita blanca"

Anoche te vi en el cielo,
hermosa lunita blanca,
y aunque estabas en silencio
desde el silencio me hablabas.

Anoche te vi en el cielo,
y mientras te contemplaba
yo supe que esa noche
era bella porque estabas.

Anoche te vi en el cielo,
y al sentir que me abrazabas
ya no me dieron más miedo
las sombras que te rodeaban.

Anoche te vi en el cielo,
y al llegar la madrugada
me di cuenta de que el tiempo
al mirarte ya no es nada.

Estribillo
Hermosa lunita blanca,
ya nunca podré olvidarte.
Quiero tu luz para las noches de mi alma,
quiero tu luz para las noches de mi alma.

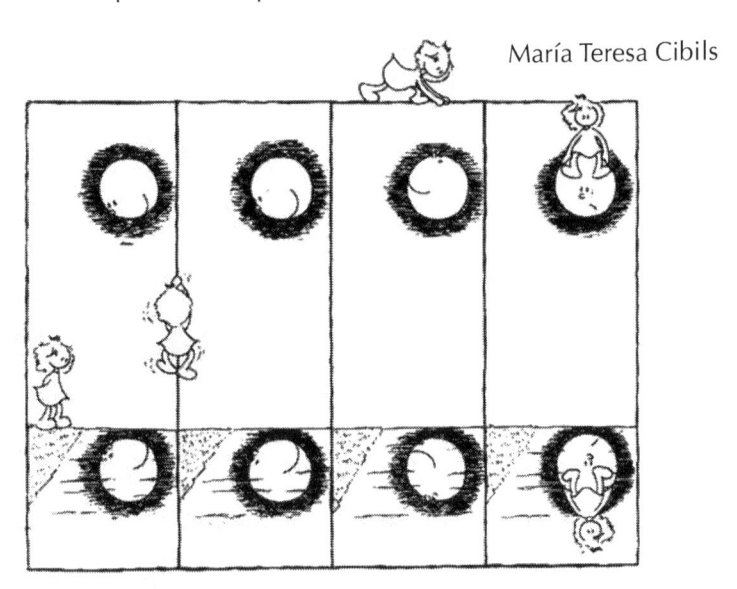

María Teresa Cibils

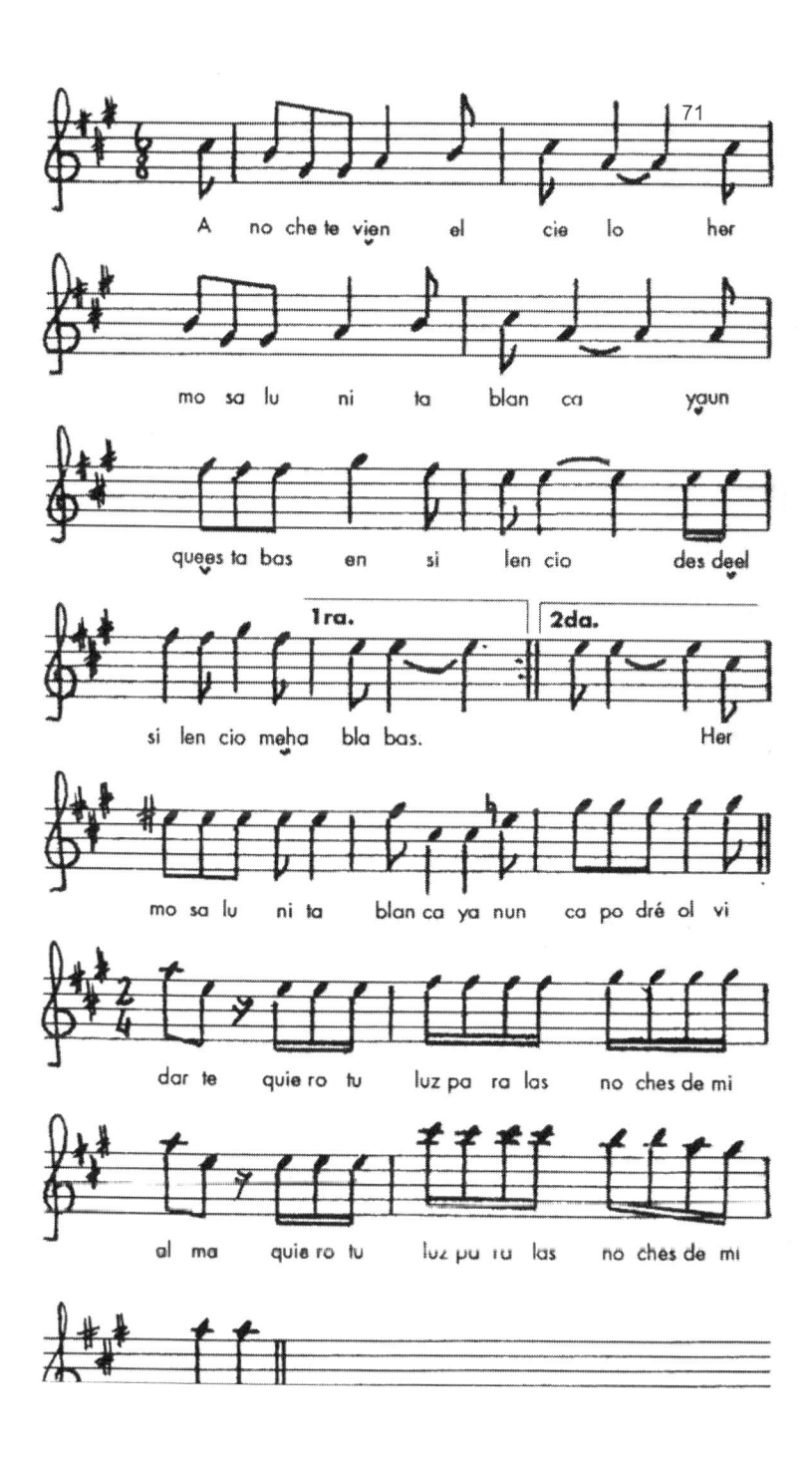

Aprender jugando
¡HOY! BUCEADORES DEL ACUARIO

¡Juegos y más juegos!

¿Quiénes viajan en cardúmenes?

Respuesta:

Viajan en cardumen los peces.

Aprender jugando
¡HOY! BUCEADORES DEL ACUARIO

... Conocer un acuario es de suma importancia dado que de los dos millones de especies que forman el reino animal, la inmensa mayoría vive en el agua, de lo que se deduce que el zoológico muestra en general vertebrados y, de éstos, casi exclusivamente aves y mamíferos mientras que el acuario posibilita presentar al reino animal en todos sus niveles de organización y evolución.

... Experimentar con los seres vivos del acuario es entrar en un mundo nuevo y capaz de despertar la sensibilidad...

... Descubrir el modo de vida allí, supone también ejercitarse en hábitos de cuidado y mantenimiento del mismo.

... Todo esto y mucho más puedes aprender disfrutando de los juegos del acuario.

¡¿VAMOS YA?!

CIENTÍFICOS ¡FABRICANDO EL ACUARIO!

¿QUIÉNES PARTICIPAN?
Una familia, varias familias, un grupo de chicos con un docente o animador de juegos.

¿CUÁNTOS PARTICIPAN?
Los que deseen, si son muchos divididos en grupos.

PARA QUÉ DEL JUEGO:
Entretenerse disfrutando del cuidado del mundo natural.

MATERIAL NECESARIO:
Pecera o recipiente de vidrio no circular, arena, tierra, agua, peces, plantas acuáticas.

A todos los niños les interesa en su casa algún animalito.
¡Qué importante sería armar con ellos el acuario y conocer el modo de alimentación y cuidado!
Es una manera vivencial de conocer el mundo natural preguntando y experimentando APRENDER-JUGANDO, APRENDER DESDE LA VIDA...

El juego-experiencia consiste en:

Si lo haces con material recogido en laguna o charco:

1) En el fondo del recipiente o pecera coloca arena, tierra y piedras.

2) Agrega aproximadamente dos (2) cm. de agua recogida en el lugar, para armar el fondo.

3) Ubica plantas acuáticas, en las paredes laterales y posteriores del acuario, para que no tapen la visión.

4) Con suavidad -para no remover el fondo- vierte el agua hasta casi llenar la pecera.

5) Agrega el resto de los seres vivos: peces y plantas flotantes.

ATENCIÓN: el acuario debe mantener las mismas condiciones que tiene el lugar de donde se recogió el material. Se alimenta del mismo medio; cuando se evapora el agua puede reponerse con la de la canilla.

Si lo haces con material comprado:

a) En el fondo del recipiente coloca arena limpia y piedras debidamente lavadas y hervidas.

b) Luego agrega agua reposada -cuarenta y ocho (48) horas- para que se evapore el cloro, o coloca agua de la canilla con algunas gotas de anticloro.

c) Ubica algunas plantas acuáticas.

d) Coloca los pececitos. Ya tienes un lindo acuario para atender diariamente.

e) Dales alimento, según las indicaciones de quien te vendió los pececitos.

f) Cambia diariamente una (1) taza de agua sin cloro. Y ahora científicos:

¡OBSERVEN diariamente el fascinante mundo del acuario y cuántas cosas más descubrirán!

CIENTÍFICOS ¿AMAESTRANDO PECECITOS?

¿QUIÉNES PARTICIPAN?
Una familia, varias familias, un grupo de chicos con el docente o animador de juegos.

¿CUÁNTOS PARTICIPAN?
Los que deseen.

PARA QUÉ DEL JUEGO:
Entretenerse gozando del hecho de ver la respuesta de los peces.

MATERIAL NECESARIO:
Si hiciste el juego anterior, ya tienes el acuario.

El juego-experiencia consiste en:

1) Los participantes se colocan en derredor de la pecera, callados y sin hacer ningún tipo de ruido.

2) En ese momento, se alimenta a los peces. En el mismo instante que colocas el alimento, golpea con los dedos la pared del acuario, hasta que todos los peces suban a comer. Hay que tener paciencia y esperarlos.

3) Trata de no golpear el acuario en otro momento del día y repite lo mismo durante varios días seguidos.

4) Después de transcurridos unos quince (15) días, prueba golpear el vidrio sin colocar el alimento. Y ¡Oh sorpresa! los peces igualmente subirán porque has logrado amaestrarlos.

5) Si aún no te responden, continúa unos días más y lo lograrás.

Así habrás comprobado que:
LOS PECES NOTAN LO QUE PASA A SU ALREDEDOR.

CIENTÍFICOS ¿LOS PECES RESPIRAN COMO NOSOTROS?

¿QUIÉNES PARTICIPAN?
Una familia, varias familias, un grupo de chicos con un docente o animador de juego.

¿CUÁNTOS PARTICIPAN?
Los que deseen; si son muchos, divididos en grupos.

PARA QUÉ DEL JUEGO:
Gozar de lo que acontece en el mundo natural mediante la observación e investigación.

MATERIAL NECESARIO:
Pecera con peces.

El juego consiste en:

1) Organizados los chicos en grupos, son invitados por el animador a contar cuántas veces por minuto un pez mueve las tapitas de las branquias y/o abre la boca.
    - Así, los niños, seguirán con la vista un determinado pez tratando de lograr respuesta. Harán comparaciones entre los logros unos y otros.

2) Hacemos a los niños tomar aire por la nariz, y luego les pedimos se tapen la nariz durante el mayor tiempo posible.
   - Conversamos sobre: ¿qué sentimos?, ¿qué nos pasa?

3) Preguntamos después de volver a observar los peces:

   . ¿Qué necesita el pez al igual que nosotros?
   . ¿Qué hace el pez al abrir y cerrar la boca?
   . ¿Por dónde entra el aire?

   Después de escuchar las respuestas, a partir de la experiencia y recogiendo contestaciones, llegaremos a algunas conclusiones tales como:

   . El agua que entra por la boca, luego pasa entre las membranas branquiales; de allí que siempre los peces estén abriendo y cerrando las tapitas de las branquias.

   . Como nosotros no tenemos branquias y no vivimos dentro del agua, tendemos a pensar que nosotros y los peces respiramos de manera muy distinta. Sin embargo hay muchas semejanzas entre estos dos modos de respirar. Lo que acontece en las branquias de los peces, ocurre también en los pulmones.

   . El aire que penetra por la nariz, pasa por los innumerables saquitos microscópicos que forman los pulmones. Las paredes de esos saquitos tienen capilares sanguíneos como las membranas branquiales de los peces. El oxígeno penetra en los capilares y se descubre en la sangre, que circula y lleva el oxígeno por todos los órganos de nuestro cuerpo.

. La diferencia principal entre nuestra respiración y la de los peces, reside en que nosotros usamos el oxígeno del aire atmosférico y los peces usan el aire que está disuelto en el agua en que viven.

¡TODO ESTO SE PUEDE APRENDER JUGANDO! ¡QUÉ INTERESANTE!

¡SIGAMOS JUGANDO ENTONCES...!

CIENTÍFICOS ¿LAS ELODEAS SE DESVANECEN?

¿QUIÉNES PARTICIPAN?
Una familia, un grupo de alumnos con un docente o animador de grupo.

¿CUÁNTOS PARTICIPAN?
Los que deseen; si son muchos, divididos en grupos.

PARA QUÉ DEL JUEGO:
Disfrutar constatando mediante la experimentación e investigación.

DURACIÓN:
Una hora aproximadamente.

MATERIALES NECESARIOS:
Para cada grupo, pecera, o frasco de boca ancha, planta de elodea, hojas de gomero, lámpara potente.

El juego consiste en:

a) Introducir a los niños en el mundo del acuario; para esto podemos:
. Proponerles cerrar los ojos e imaginar:
Nos introducimos lentamente en el fondo del mar..., nos vestimos con traje especial, patas de rana..., visor, tanques en la espalda...

Todo es silencio... ¡Cuántas cosas raras y lindas esconde el mundo del agua! ¡Es un espectáculo multicolor!
ABRIMOS los ojos muy grandes y nos encontramos con un mundo acuático de color verde.

NOTA: puede ser un acuario con peces y plantas de elodea o solamente elodeas sumergidas en agua.
Puede escucharse música de fondo para el momento propuesto a la imaginación.

b) Ya frente al acuario, se propone observar la elodea dentro del agua.

¿Cómo se sostiene?
¿Cómo se muestran sus hojas?

c) Sugerimos piensen: ¿qué pasará si sacamos la elodea fuera del agua? Permitir todo tipo de respuesta.

d) Sacar la elodea del agua y al cabo de unos minutos mediante la observación constatar qué pasa. La elodea se ha desvanecido. Provocar aquí todo tipo de preguntas.

- Luego, quebrar el tallo de la elodea y las hojas con la mano.

e) Después de preguntas y experimentación llegarán a las siguientes conclusiones:

. La elodea no tiene raíz, porque no la necesita; ya que absorbe el agua por toda la planta.
. Podemos romper con facilidad el tallo y las hojas puesto que son débiles, ya que no poseen fibras de sostén.
. Por eso, la elodea no sabe permanecer erguida fuera del agua. Se deshidrata.

f) Para observarlo mejor, colocamos la elodea bajo una potente luz durante veinte (20) o treinta (30) minutos y realmente la planta se seca. De esta manera los niños habrán constatado como verdaderos científicos.

g) En forma paralela podemos experimentar con la hoja de gomero. Debemos hacer notar que para romperla es necesario hacer fuerza ya que posee fibras de sostén resistentes.

¡ES UN JUEGO-EXPERIENCIA QUE DA PARA MUCHO, depende de la edad de los niños!

Aprender jugando
¡HOY! MAS JUEGOS
¡SORPRESAS EN EL CAMPO, BOSQUE O PARQUE!

¡A EXPLORAR!

Seremos:
. climatólogos,
. entomólogos
. y... mucho más...

Aprender jugando
¡HOY! MAS JUEGOS ¡SORPRESAS EN EL CAMPO, BOSQUE O PARQUE!

… Como dice el título, "SORPRESA" es lo que causa al niño el indagar qué hay debajo de una piedra o qué pasa con los hongos, ¿son haraganes?, ¿viven a expensas de otros?, esto simplemente a modo de ejemplo.

… Vale la pena convertir en experiencia lúdica toda manifestación de búsqueda de contacto con la naturaleza.

… El hecho de convivir con ella, genera múltiples lazos humanitarios, dignos de tener en cuenta, si queremos preservar lo natural.

… Armar recursos para poder experimentar juegos, es ya una forma de descubrirlos y valorarlos.

… Por todo esto, no dejemos de jugar ¡Sorpresas en el campo, bosque o parque!

¡¿SIEMPRE LISTOS?!

TALLER DE CONSTRUCCIÓN

¿QUIÉNES PARTICIPAN?
Toda la familia, varias familias, un animador de juego con un grupo de chicos, o un docente con un grupo de niños.

¿CUÁNTOS PARTICIPAN?
Los que deseen.

PARA QUÉ DEL JUEGO:
Entetenerse construyendo para experimentar.

DURACIÓN:
Si se construyen todos los recursos, dos o tres horas.

¿CUÁNDO REALIZARLO?
En ocasión de organizar juegos de exploradores sorpresas en el campo o en el bosque.

MATERIAL NECESARIO:
Laboratorio natural: campo o bosque. Lata mediana, tela metálica, dos varillas de madera de (50) cm de longitud, un clavo sin cabeza, largo y grueso, dos palos de escoba, cuatro fondos de botellas plásticas, un pequeño barreno, clavitos, alambre grueso, gancho de percha, cinta adhesiva, hilo y aguja.

El juego consiste en:

1) Construir medios o recursos para explorar al aire libre.

2) ¿Qué construir?
. Recipiente para capturar insectos.
. Red para atrapar insectos.
. Red para pescar.
. Gancho para bajar ramas.
. Anemómetro para medir velocidad del viento.

3) ¿Cómo construir?

a) ¡Hacemos un anemómetro!

- Clavamos las varillas en forma de cruz y fijamos en cada extremo un fondo de botella plástica.

- Con gran cuidado hacemos un agujero en el centro de la cruz. Clavamos un clavo en el extremo del palo de la escoba, si queremos que gire mejor insertamos una cuenta de collar.

- Allí ubicamos la cruz. Colocamos el anemómetro al aire libre, fijándolo a algún lugar.

- Y ahora probamos: cuenta las vueltas que el anemómetro da en treinta (30) segundos. Si divides el resultado por tres (3) sabrás la velocidad del viento en kilómetros por hora.

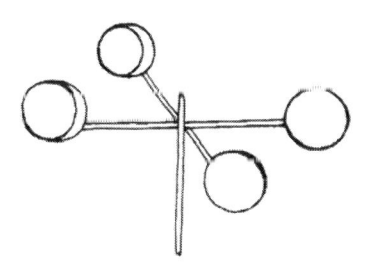

b) ¿Cómo preparar un gancho para bajar ramas?
A un palo de escoba se le inserta en la punta un gancho de percha o tornillo similar.

¡Y LISTO! para bajar frutas, flores o ramas... ¡No dejes de intentarlo!

Palo de escoba					Gancho de percha
							o similar con tornillo

c) ¿Cuál es la manera más rápida de hacer una red para pescar? Con sólo mirar el gráfico te darás cuenta, no he pedido los materiales en el comienzo del juego, para no confundir.

Palo de escoba,					Atadura hecha con alambre
plumero o rama					colador en deshuso

- Ya podemos ir a la orilla de una laguna o charco para recoger caracoles, renacuajos y peces. ¡Investiga armando tu propio acuario!

d) ¿Cómo fabricar en forma sencilla una red entomológica?
Sirve para... atrapar insectos.

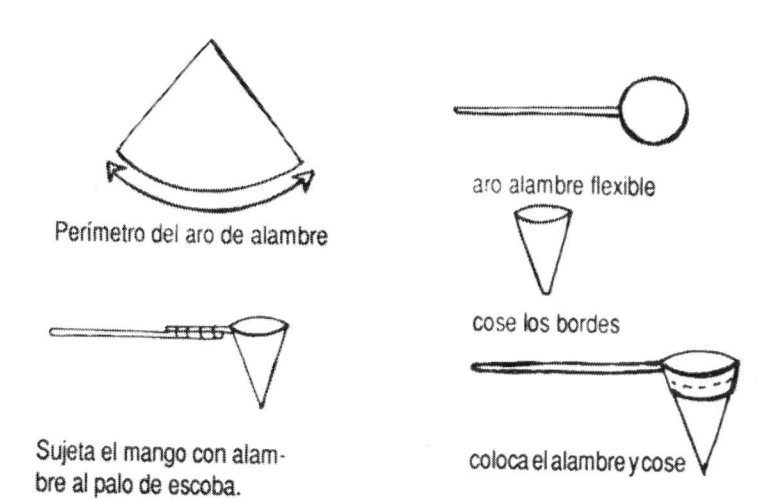

Perímetro del aro de alambre

aro alambre flexible

cose los bordes

Sujeta el mango con alambre al palo de escoba.

coloca el alambre y cose

¿Cómo utilizarla?
Si juegas a ser un entomólogo explorador...
lo gustarás.

¡TE ESPEROOO!!!

¡TE ESPEROOO!!!

e) Ha llegado el momento de capturar insectos caminadores.

- Conviene que la lata mediana que te hemos pedido tenga tapa.

Hecha esta aclaración, ¡comenzamos!

- ✔ Recorta el fondo de la lata, con un abrelatas. Corta alambre tejido de mosquitero formando un círculo del mismo tamaño que el fondo de la lata. Fija la misma a la tela con cinta aisladora.
- ✔ Pinta la tapa y la lata para evitar que se herrumbre. (No utilizar pintura verde).
- ✔ Pintar el interior de la lata con algún color claro para que resulte fácil ver los insectos en movimiento. Colocar la tapa en el otro extremo.
- ✔ Ahora que ya tienes preparado el recipiente de captura de insectos, no te pierdas el juego del ENTOMÓLOGO EXPLORADOR. ¡Te esperooo!

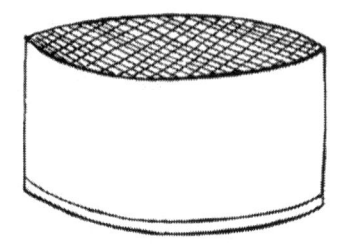

¡ADELANTE CIENTÍFICOS CONSTRUCTORES!, ya pueden armar su primera salida exploradora a cualquier lugar donde haya verde. ¡Ya vienen asomando los juegos exploradores!

NOTA: *Presento a continuación una serie de juegos-experiencia en los que pueden utilizarse los recursos construidos; ya sea jugando uno por vez, o armando con ellos una salida de todo un día.*

CLIMATÓLOGOS EXPLORADORES

¿QUIÉNES PARTICIPAN?
Toda la familia, varias familias, un animador de juegos con un grupo de chicos, o un docente con un grupo de niños.

¿CUÁNTOS PARTICIPAN?
Los que deseen, divididos en grupos;

PARA QUÉ DEL JUEGO:
Gozar experimentando el medir y constatar.

DURACIÓN:
Es variable, según las inquietudes de los chicos.

MATERIAL NECESARIO:
Brújula, termómetro y anemómetro.

El juego consiste en:

1) Llegados los chicos a un lugar al aire libre y sabiendo que van a explorar, eligen su pequeña parcela y ubican la brújula de tal manera que los oriente.

2) Ya orientados ponen a prueba el anemómetro construido y obtendrán la velocidad del viento. ¿Recuerdan qué hacer para experimentar? Si no lo recuerdan, consulten punto tres (3) a, en taller de construcción.

3) También como exploradores investigando, con termómetro en mano, tomaremos temperaturas.

Para esto, conseguir un termómetro de largo alcance -se llama así porque tiene una escala de grados centígrados que comprende desde 10° C hasta 110° C.

* Para tomar la temperatura del agua:
Uno del grupo sumerge el bulbo del termómetro a dos (2) cm. de la superficie, pasados unos minutos, observa la temperatura alcanzada y el equipo puede tomar nota para establecer comparaciones.

* Para conocer la temperatura del suelo:
Puede ser a tres (3) cm. y a diez (10) cm.
El o los grupos:
. Cavan los hoyos con una palita.
. Miden su profundidad.
. Colocan el termómetro y tapan el hoyo con tierra, sin apretar mucho.
. Esperan cinco (5) minutos antes de leer la temperatura y la registran en una tabla de datos.
. Comparados los resultados, pueden sacar conclusiones.
¡CUIDADO nunca utilices el termómetro para cavar!

* Para registrar la temperatura del aire:
Puedes hacerlo al sol y a la sombra.

¡CLIMATÓLOGOS! De regreso a casa, a la escuela o al club, comprar un diario de la tarde o de la mañana según corresponda, para hacer algunas comparaciones entre lo constatado y lo que el servicio meteorológico ha informado.

NOTA: Te sugiero una tabla de registros para este y otros juegos.

Día / Mes	Nubosidad	Viento / intensidad	Temperaturas

EXPLORADORES: ¿POR QUÉ LA TIERRA TIENE GALERÍAS?

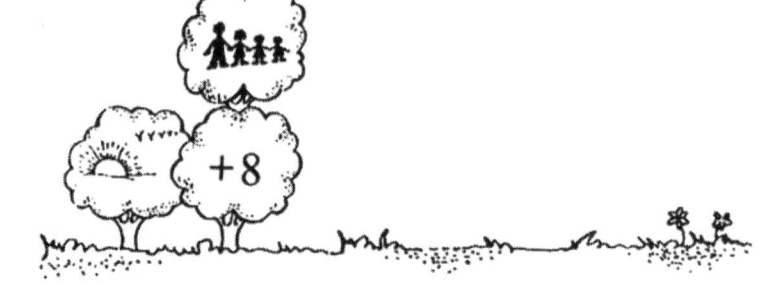

¿QUIÉNES PARTICIPAN?
Familias, docentes, niños, los que quieran, con una animador/a de juego.

¿CUÁNTOS PARTICIPAN?
Los que deseen, divididos en grupos de ocho (8) aproximadamente.

PARA QUÉ DEL JUEGO:
Descubrir mediante la experiencia explorando.

MATERIAL NECESARIO:
Palas y lupas, según la cantidad de participantes. Un (1) frasco por equipo.

El juego consiste en:

1) Ante la propuesta del coordinador de juego: "¿Por qué la tierra tiene galerías?", los componentes del grupo intercambiarán opiniones.

2) Logradas respuestas, como punto de partida del juego-experiencia se los invitará a realizar una excavación aproximadamente de 0,40 x 0,40 x 1,20 m. (de profundidad).

A medida que se va realizando la excavación, los niños irán observando los distintos animales y vegetales que puedan aparecer.
Los recogerán en sus frascos con un poco de tierra. Antes de colocarlos en el frasco, los observarán a simple vista y con la lupa para notar las diferencias.

También observarán la tierra con la lupa, para detectar todo lo que vaya apareciendo.
A medida que se realice la excavación irán constatando la presencia de algunos animales: lombriz, hormiga o topo en los diferentes horizontes que aparecen en el perfil del suelo. De esta manera tendrán la respuesta: estos animales son los que cavan galerías en el suelo. Se aprovechará para hacerles notar que esta actividad es beneficiosa para el suelo, ya que permite la entrada de agua y aire.
El agua y el aire erosionan el suelo. Muchas plantas, al enterrar sus raíces, sujetan el suelo, evitan su erosión.

3) Terminado el juego-experiencia se puede continuar explorando, investigando con el material recogido, en casa, en el club y/o la escuela (con los niños más grandes).
Para esto colocamos en un recipiente de vidrio:

- *capas de tierra alternadas con capas de arena,*
- *las lombrices se colocan sobre la superficie de la tierra junto con hojas frescas,*
- *periódicamente se agrega agua para mantener la humedad y se renuevan las hojas ubicadas sobre la superficie,*
- *se tapan las cuatro caras con cartulina negra y sólo se la retira para observar el comportamiento de las lombrices.*

¿SABÍAS?
Las lombrices respiran a través de la piel, por eso debe estar siempre húmeda.

EXPLORADORES, INVESTIGADORES
¡No se pierdan este juego-experiencia!

Y para seguir observando y descubriendo te proponemos cantar juntos:

"Las hormigas son traviesas"
de María Teresa Cibils

Las hormigas son traviesas,
nunca dejan de hacer cosas.
Cargan sobre sus cabezas
verdes y pesadas hojas.

Las hormigas son chiquitas,
¿cómo tienen tanta fuerza?
Si se enojan y pelean,
harían una gran guerra.

Siempre caminan en fila,
¿adónde querrán llegar?
Cuando se vuelvan dañinas
no se me van a escapar.

Nunca sé cómo se sienten,
pero cuando están contentas
se ponen todas juntitas
para saltar a la cuerda.

Estribillo
Aquí vienen las hormigas,
aquí pronto llegarán
todas juntas en la fila,
y no las puedo contar.

¡EXPLORADORES! JARDÍN DE VIDRIO

¿QUIÉNES PARTICIPAN?
Familias, docentes, niños, los que quieran con el animador de juegos que orienta.

¿CUÁNTOS PARTICIPAN?
Un grupo pequeño, o un grupo grande dividido en equipos.

PARA QUÉ DEL JUEGO:
Disfrutar armando con originalidad jardines de vidrio.

MATERIAL NECESARIO:
Tantos frascos de boca ancha como equipos.

El juego consiste en:

1) Recogidas plantas que puedan ser colocadas -por su tamaño- en un recipiente pequeño, se invita al grupo a preparar con originalidad un jardín de vidrio.

- (También se puede salir a explorar con el grupo, para hacer selección de las mismas según tipo de hojitas, intensidad del verde -depende mucho de la edad de los niños-).

2) Ya en el lugar donde se va a hacer el jardín:

Se coloca el frasco de esta forma:

* En la base se prepara el terreno haciendo la primera capa de dos (2) o tres (3) cm. de espesor, utilizando trocitos de carbón vegetal y arena.
* Encima se coloca una capa de tierra fértil, de cuatro (4) o seis (6) cm.
* Con una varilla u otro material se realizan excavaciones desde los bordes hacia el centro.
* Se colocan las plantas en los orificios, cubriendo sus raíces con tierra, aplastando un poco a su alrededor.
* El suelo y las plantas se pueden humedecer con un vaporizador o rociador de ropa.

De esta manera tendrán un hermoso jardín verde.
Si quieren convertirlo en multicolor, les proponemos JUGAR CON LOS DEDOS Y TÉMPERA.

¿Cómo?
* Coloca en una paleta o platito distintos colores de témpera.

* Los chicos mojan uno de sus dedos en un color y lo van apoyando en el frasco de manera que queden círculos de color, así sucesivamente con distintos colores, formando flores multicolores.

¡NO TE PIERDAS ESTE JUEGO!
LA EXPERIENCIA ES FASCINANTE.

NOTA: con los más pequeños, se puede preparar el frasco colocando semillas de alpiste, que brotan y crecen rápido; sin dejar de decorar creativamente el jardín. Y ¡A esperar los primeros brotes!

NO OLVIDES

* Para mantener el jardín, conviene quitar las hojas marchitas.
* El jardín debe estar ubicado en un lugar luminoso.

¡ENTOMÓLOGOS EXPLORADORES!

¿QUIÉNES PARTICIPAN?
Toda la familia, varias familias, un animador de juego con un grupo de chicos, o un docente con un grupo de niños.

¿CUÁNTOS PARTICIPAN?
Los que deseen, divididos en grupos.

PARA QUÉ DEL JUEGO:
Disfrutar infestigando como entomólogos.

DURACIÓN:
Depende del interés del grupo.

MATERIAL NECESARIO:
Bolsas de polietileno, red entomológica, recipiente para captura de insectos.

Sabes que entomólogo es aquel que se dedica a estudiar insectos. Nosotros jugaremos a investigar, recolectar insectos... ¡Ah!, ¿de eso se trata? Sí, de científicos entomólogos explorando. ¡Comencemos!

El juego consiste en:

a) Organizados en pequeños grupos, salir MUY CALLADOS, en busca de una zona de pasto, donde haya humedad; para que la posibilidad de encontrar insectos sea mayor.

b) Lograda la zona para atrapar insectos voladores, colocar el mango de la red hacia abajo, -vertical- realizando movimientos largos y rápidos hacia adelante. Así es sencillo atraparlos.

c) una vez que el insecto haya penetrado en la red, gira el mango para que la abertura quede tapada por la tela y el insecto no se escape.

d) También puedes buscar insectos con el recipiente construido para ello.

¿Cómo hacer?
Coloca el atrapador terminado -sobre pasto- con la parte metálica hacia arriba, desliza la tapa de manera que quede al lado y de vez en cuando espía el interior para ver si ya has capturado alguno.

e) Sabes que se debe tener cuidado con todo el mundo natural, por eso conviene llevar en este insectario lo recogido y poner allí también lo de la red.

f) Ya en casa, en el club, o en la escuela construiremos un habitat apropiado, para que los insectos puedan seguir viviendo. Así podremos día por día observar la vida de estos animales.

Por si no sabes cómo hacerlo, te damos una sugerencia. En un tarro o maceta coloca arcilla, con hierbas que conserven la humedad; hunde en ella un tubo de vidrio o hecho con placas de radiografía, coloca una tapa que permita el pasaje de aire y ya puedes poner a sus habitantes. ¡Entomólogos! ¡Exito en la investigación!

Recuerda: todos los días unas gotitas de agua, para conservar la humedad.

DISEÑO ILUSTRATIVO

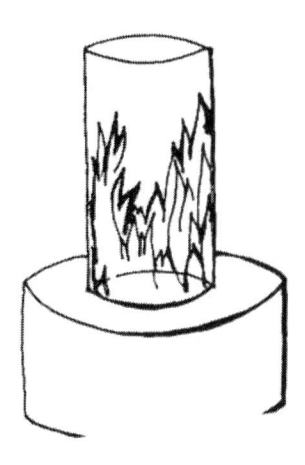

¡PEQUEÑOS EXPLORADORES!

¿QUIÉNES PARTICIPAN?
Familias, docentes, niños, los que quieran, con un animador de juego.

¿CUÁNTOS PARTICIPAN?
Los que deseen, divididos en grupos.

PARA QUÉ DEL JUEGO:
Disfrutar gozando de lo que ofrece la naturaleza.

MATERIAL NECESARIO:
Bolsas de polietileno, caja, tierra, ramas, hojas y cinta engomada.

El juego consiste en:

1) HOY, maestros, papis o animadores de un grupo de niños pequeños, salen a recorrer el parque o plaza cercana.

2) Les proponemos a los niños, mediante el olfato.

a) descubrir aromas de distintas flores que se encuentran en el lugar:
   * Descubrir aromas de hojas de árboles y arbustos.
   * Dibujarlas en el aire y darles color imaginario.

b) Jugar con el tacto y el oído:
   * Recoger semillas o frutos secos que se encuentren en el lugar y moverlos en distintos ritmos, escuchando lo producido.

c) Jugar construyendo:
   * Recoger hojas del piso de distinta forma y ramas para armar luego una maqueta de árboles.

¿Sabes cómo hacerlo?

Coloca la tierra en una caja o cajón -seis o siete cm- y luego planta las ramas, con cinta engomada adherir las hojas y aparecerá un mundo verde.

d) Observar animales voladores y realizar con los niños movimientos similares por medio de los brazos...

e) Observar animales que reptan e insinuar a los niños reptar como ellos...

f) Cuando todo este mundo natural se haya vivenciado, podemos jugar a:

¡Crecer como árboles!
¡Volar como pájaros!
¡Abrirse como el pimpollo!
Y todo lo que tu frondosa imaginación proponga.

PARA HACERLO CON TODO EL CUERPO Y SI QUIERES CON MÚSICA TAMBIEN...

NOTA: se trata de seleccionar según la edad de los niños.

VÍNCULO NATURAL: DE LA MANO

¿QUIÉNES PARTICIPAN?
Toda la familia, varias familias, un animador de juego con un grupo de chicos, o un docente con un grupo de niños.

¿CUÁNTOS PARTICIPAN?
Los que deseen, divididos en grupos.

PARA QUÉ DEL JUEGO:
Disfrutar con humor, creando posibilidades de vínculo con la naturaleza.

MATERIAL NECESARIO:
Crayones, marcadores, témpera, papel y todo material útil para pintar y dibujar.

El juego consiste en:

a) Antes de iniciar una salida de ¡sorpresas en el campo! hacer tomar conciencia a los niños de la necesidad de un buen trato con la naturaleza.

b) Para esto se dividirá a los jugadores en pequeños grupos, quienes tratarán de sorprender a los restantes equipos con salidas CREATIVAS en torno a cómo establecer vínculos con la naturaleza, dándole la mano a ésta, para:

* no destrozar vegetales inútilmente,
* no dañar animales por diversión,
* coleccionar animales y vegetales causando el menor sufrimiento a los animales y el menor daño posible a las plantas.

c) Los niños con materiales en mano, con o sin adultos, tratarán de presentar con creatividad y humor carteles con slogans, cartas de protección al animal y al vegetal, panfletos llamando la atención por medio de historietas y/o chistes.

d) Terminada la creación de salidas originales, también en forma creativa se presentará al resto de los grupos.

Es interesante que cada grupo tenga una muestra de lo hecho por el resto y se lleve al lugar con ocasión de una exploración de juegos-experiencia en ¡sorpresas en el campo!

¡Adelante con sorpresas y más sorpresas en el campo!

ABRE los ojos bien grandes para ver más y mejores cosas.

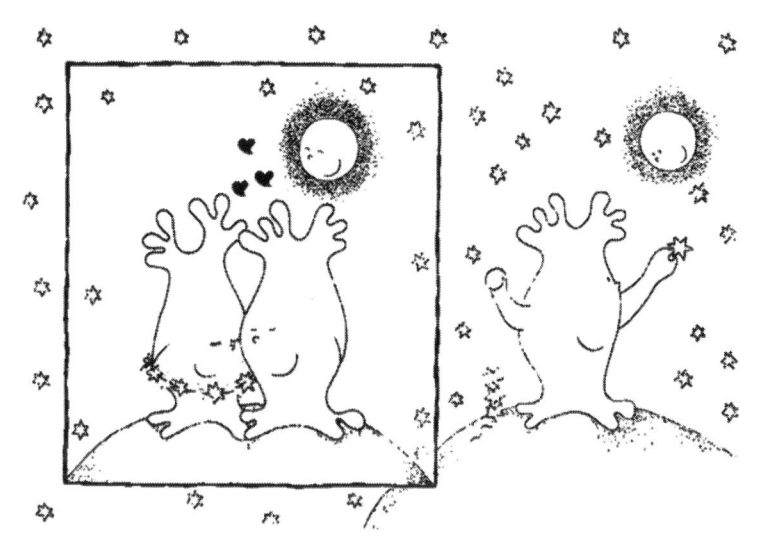

Por sobre todo, entre juego y juego no dejes de cantar

"No se vayan lejos"
de María Teresa Cibils

Los árboles tienen
cuerpos de madera,
pelucas muy verdes
que nunca se peinan.
Hablan con el viento,
le cuentan sus cosas,
y les gusta el vuelo
de las mariposas.

Estribillo

Los árboles gordos
son muy bonachones,
acunan la luna,
le cantan canciones.
Los que no son gordos
bailan con el viento,
cuando sopla fuerte
se ponen contentos.

Estribillo

A veces sus ramas
tienen muchos nidos,
son como los padres
de los pajaritos.
Los árboles guardan
un gran corazón,
pero lo regalan
al darnos su amor.

Por eso me gustan,
por eso los quiero,
árboles amigos
no se vayan lejos.

110

Aprender jugando
JUEGOS PARA AVENTURAS CIENTÍFICAS

¡JUEGOS AVENTURAS!

Aprender jugando
¡HOY! JUEGOS PARA AVENTURAS CIENTIFICAS

... Hay situaciones científicas muy conocidas, pero que no obstante pueden convertirse en juego si las realizamos con espíritu aventurero, provocando así aventuras científicas.

... Como dice Piaget "el juego es una manifestación de la actividad del pensamiento, una forma particular de aprehender el mundo exterior", esa forma particular es lo que convierte la experiencia científica en aventura lúdica.

¡¿A PROBARLO?!

PERCHA JUGUETONA

¿QUIÉNES PARTICIPAN?
Una familia, varias familias, un animador de juego con un grupo de niños.

¿CUÁNTOS PARTICIPAN?
Los que deseen.

PARA QUÉ DEL JUEGO:
Divertirse probando y comprobando.

MATERIALES:
Perchas de alambre y moneda.

El juego consiste en:

1) Ubicados los jugadores en semicírculo, entregar el material a algunos. Primero probarán unos, luego otros.

2) Darles una percha de alambre y colocar una moneda sobre el gancho -como muestra el diseño-.

3) Indicarles que giren la percha, al principio lentamente, alrededor del dedo índice, así comprobarán que la moneda no se cae.

4) De a poco se les insinúa giren cada vez a mayor velocidad.

5) Y ¡cuidado! Viene la parte más difícil, detener la percha sin dejar caer la moneda.

6) ¿Por qué ocurre esto?

Se aceptará todo tipo de respuestas sabiendo que:

*La inercia es la capacidad de los cuerpos para salir del estado de reposo, para cambiar las condiciones de su movimiento o para cesar en él, si ninguna fuerza exterior actúa sobre ellos. En nuestro caso si haces girar la percha bruscamente, la inercia hará que la moneda tienda a permanecer en reposo, lo que provocará su caída hacia atrás. Del mismo modo, una vez que la percha esté girando a una velocidad uniforme, no debes detenerla de golpe porque la moneda tendería a seguir en movimiento, lo cual haría que saliera despedida violentamente hacia adelante.

¿Por qué la moneda permanece sobre el gancho cuando se hace girar la percha?

Al hacer girar un objeto en forma circular, actúa sobre él una fuerza que lo atrae hacia el centro del círculo que describe, denominada fuerzas centrípeta.

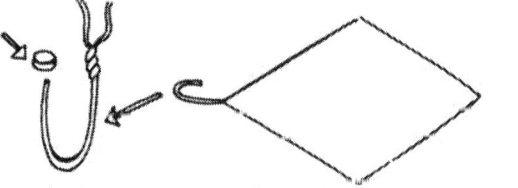

El alambre y el extremo del gancho deben ser bien planos.

IMANES MOVILIZADORES

¿QUIÉNES PARTICIPAN?
Adultos y niños, una familia, varias familias, un animador de juego con un grupo de chicos.

¿CUÁNTOS PARTICIPAN?
Los que deseen, divididos en grupos de ocho.

PARA QUÉ DEL JUEGO:
Entretenerse experimentando y proponiendo.

MATERIAL:
Imán, alfileres, broches, clavos, aguja grande de colchonero.
(Para cada grupo).

El juego consiste en:

a) Implementar la experimentación sobre la base de interrogantes.

1) Vamos a probar. ¿Cómo atraen las distintas partes de un imán?

* Coloca un alfiler o broche de metal en un extremo del imán.
  ¿Puedes ir agregando otros en cadena?
  ¿Cuántos has podido agregar?

2) Ahora, prueba en otro lado del imán (por ejemplo en el punto medio).
   ¿Cuántos broches o alfileres has podido encadenar?
   ¿Puedes sacar alguna conclusión?

3) Probamos jugando. ¿La atracción magnética se manifiesta a través de las sustancias?
   * Coloca alfileres, clavos y/o clips sobre la mesa.
     Prueba atraerlos con el imán a través de las distintas sustancias.

4) Sigamos experimentando. ¿Los objetos de hierro, pueden convertirse en imanes artificiales?
   Frota varias veces la aguja con un imán, en un mismo sentido.
   Prueba atraer alfileres con la aguja.
   ¿Qué puedes comprobar?

b) Al concluir los pasos 1, 2, 3 y 4 se irán registrando respuestas, después de discutir las distintas posibilidades.

c) Se enriquecerá el juego, en la medida en que incitemos a probar constantemente, sabiendo que:

. Con un imán es relativamente sencillo conseguir un imán artificial; se logra frotando un elemento de hierro con un imán natural, haciéndolo siempre en la misma dirección.

. El imán atrae mucho más por sus extremos, que por el centro.

. Dos imanes se atraen si se los enfrenta por polos de signos opuestos.

. Algunas sustancias tienen la propiedad de dejar pasar el magnetismo a través de ellas, sin ser afectadas.

¡MANOS A LA OBRA!

Prueba y vuelve a probar;
y JUGANDO APRENDERAS.

¿SE INFLA EL GLOBO?

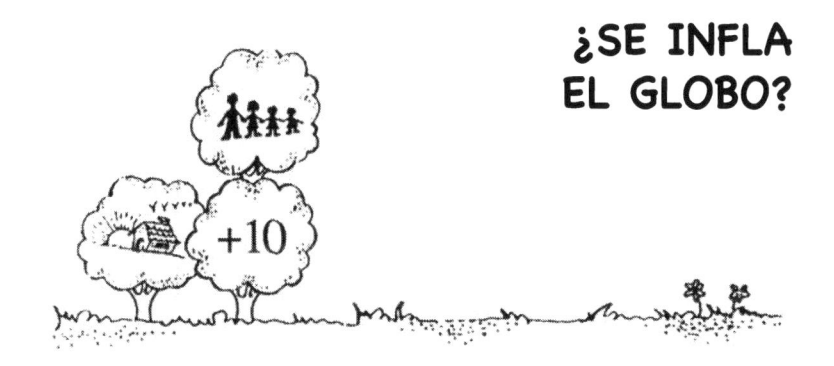

¿QUIÉNES PARTICIPAN?
Adultos y niños, o un adulto como animador de juego.

¿CUÁNTOS PARTICIPAN?
Los que deseen, divididos en grupos pequeños.

PARA QUÉ DEL JUEGO:
Entretenerse, experimentando y probando.

MATERIALES:
Para cada grupo: una botella chica de gaseosa, un globo, un recipiente grande y agua.

El juego consiste en:

a) Colocar en un congelador las botellas vacías de gaseosas durante unos minutos.

b) Sacarlas del congelador y colocarles en la parte superior un globo.

c) Puestas las botellas en un recipiente grande, se vierte agua bien caliente sobre las mismas.

d) Se propone a cada grupo observar:

¿Qué pasa con el globo?
¿Por qué?

e) Luego se retira la botella del agua y registran lo que ocurre.

f) Comparados los resultados podrán llegar a la conclusión de que el calor dilata los gases.

¡A JUGAR PROBANDO Y REGISTRANDO!

PESCA MAGNÉTICA

¿QUIÉNES PARTICIPAN?
Adultos y niños, o un adulto como animador de juego.

¿CUÁNTOS PARTICIPAN?
Los que deseen, divididos en grupos de ocho (8).

PARA QUÉ DEL JUEGO:
Entretenerse experimentando y constatando.

MATERIALES:
Lámina de diferentes metales, telgopor, varillas, imanes.

El juego consiste en:

1) Divididos los integrantes del juego en grupos de ocho personas, recibe cada uno la caña de pescar previamente armada.

2) Se colocan en un recipiente pececitos con metal y sin él.

3) Los jugadores serán invitados a pescar la mayor cantidad posible, permaneciendo todos a la misma distancia del recipiente.

4) Terminada la pesca se propondrá conversar sobre el por qué del logro en la misma.

- Distinguirán también los distintos tipos de metales y buscarán conclusiones.

Sabemos que el juego es posible debido a que el campo magnético del imán que posee la varilla es capaz de influir sobre objetos metálicos.

¿CÓMO ARMAR EL MATERIAL?

- Algunas substancias, como el algodón, telgopor..., tienen la propiedad de dejar pasar el magnetismo a través de ellas, sin ser afectadas. Por esto dibujamos sobre telgopor o cartón peces, recortamos, le adosamos en su cara inferior algún material que contenga hierro. El telgopor debe ser bien fino o de lo contrario se deben colocar los metales en la parte superior disimulados con pintura.

- A las varillas, les anudamos un hilo en cuya punta hay un pequeño imán y ¡¡¡A PESCAR!!!

Diseño del material:

Lámina

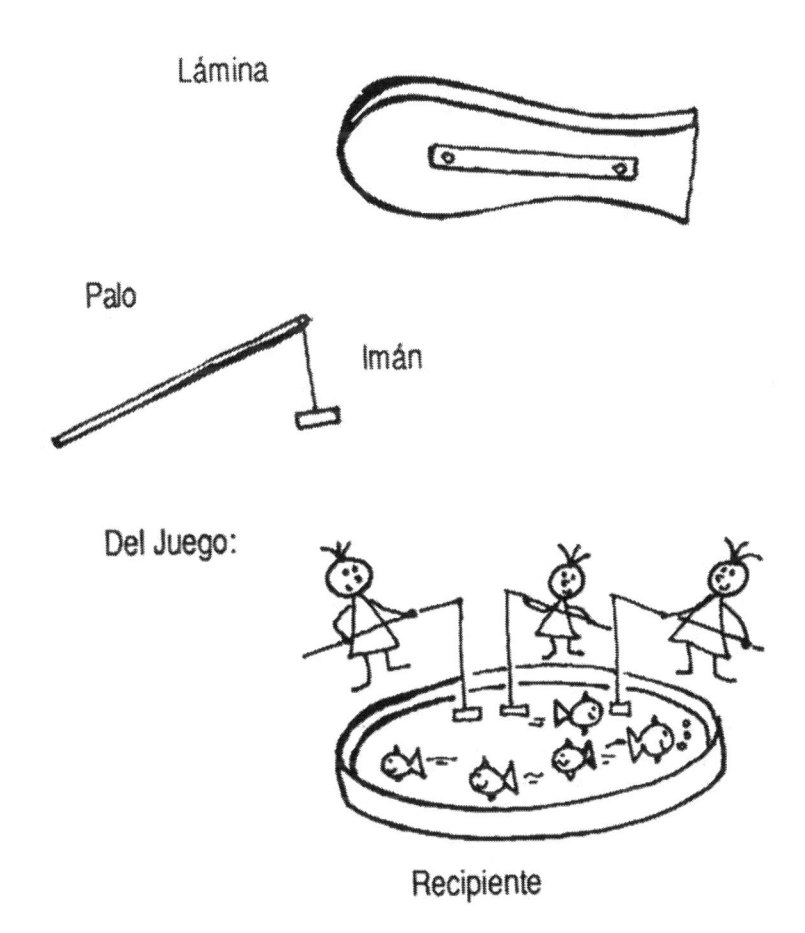

Palo

Imán

Del Juego:

Recipiente

¡¿GUSTAMOS?!

¿QUIÉNES PARTICIPAN?
Todos los que deseen, padres y niños, docentes y alumnos, un animador de juegos con un grupo de chicos.

¿CUÁNTOS PARTICIPAN?
Un número aproximado de treinta (30) chicos, divididos en grupos de seis personas.

PARA QUÉ DEL JUEGO:
Disfrutar, experimentando y comprobando.

MATERIALES:
Para cada grupo, pickles, papas fritas, azúcar y cáscara de naranja.
Té helado.

El juego consiste en:

1) Conversar con los niños sobre los distintos sabores que ellos han podido diferenciar cuando comen.

2) Preguntarles si saben por qué a la gente le gusta chupar los helados.

- Es conveniente aceptar todo tipo de respuesta.
- Inmediatamente se le dará a cada participante un terrón de azúcar. Se les invita a saborearlo y a que constaten qué parte de la lengua les permite gustar mejor del azúcar.
- Se tomará nota de lo que cada equipo logre como conclusión grupal después del juego-experiencia.

3) Luego se les dará en forma simultánea una papa frita, una cáscara de naranja y un pickle. Se les pide que estén atentos para determinar qué parte de la lengua les ayuda a saborear mejor cada alimento. Discutidas las posibilidades, el equipo registrará las respuestas.

4) Por último se les hará tomar té helado, haciéndoles gustar y deducir sabores y partes de la lengua que los captan.

5) Si la edad de los niños lo permite, cada equipo delegará en un representante la responsabilidad de argumentar la respuesta según la experiencia realizada. Se armará de esta forma un panel, coordinado por el animador de juego.

6) A medida que se logra la exposición, el coordinador buscará que los participantes vayan clarificando sus respuestas hasta llegar a la conclusion de que:

   * la lengua puede saborear gustos tales como: salado, amargo, dulce y ácido;

   * las papilas gustativas ubicadas en la punta de la lengua registran sabores dulces; a los costados en la parte posterior se saborean mejor los ácidos; en la parte posterior los amargos y sobre los laterales en la zona anterior de la lengua se gusta mejor el sabor salado;

* la mayoría de los sabores de los alimentos son salados, así, por ejemplo, el té helado es a la vez dulce, ácido y amargo.

7) Y probando y argumentando este juego va acabando.

NOTA:
Si jugamos con pequeños, se verá la conveniencia de jugar sólo con distinción de gustos.

¡A PROBAR JUGANDO
muchas cosas más!

MONEDAS SALTARINAS

¿QUIÉNES PARTICIPAN?
Una familia, varias familias, un adulto con un grupo de chicos.

¿CUÁNTOS PARTICIPAN?
Los que deseen.

PARA QUÉ DEL JUEGO:
Divertirse probando y aprendiendo.

MATERIALES:
Un vaso y una o dos monedas.

El juego consiste en:

1) Colocar -para que todos vean y puedan comprobar- en semicírculo, a los jugadores.

2) Poner un vaso cerca del canto de una mesa. Apoyar una moneda grande en posición horizontal sobre el borde que está más cerca del animador del juego.

3) Soplar la moneda por encima del vaso. Esta saltará. Luego sacar conclusiones. Es conveniente que los integrantes del juego lo experimenten en su mayoría.

VARIANTE: Para hacerlo más atractivo se podría solicitar el material cada dos personas.

NOTA:
Sabemos que esto se logra debido al efecto Bernoulli, según el cual una corriente de aire que se mueve rápidamente produce una zona de baja tensión a su alrededor. Al soplar violentamente por encima de la superficie de la moneda, se provoca una presión atmosférica más baja que la existente en la parte inferior de aquella. La presión atmosférica más alta, que hay debajo de la moneda empuja a ésta hacia arriba.

RÁPIDO
¡A probar esta nueva aventura!

¡DIBUJOS EN MOVIMIENTO!

¿QUIÉNES PARTICIPAN?
Una familia, varias familias, un animador de juego con un grupo de chicos.

¿CUÁNTOS PARTICIPAN?
Los que deseen, divididos en grupos de cuatro (4).

PARA QUÉ DEL JUEGO:
Divertirse experimentando.

MATERIALES:
Limaduras de hierro, trozos de cartulina de 0,20 cm. por 0,30 cm., imánes (cantidad según equipos).

El juego consiste en:

1) Formamos los equipos y damos a cada grupo el material correspondiente.

2) Invitamos a los equipos a extender las limaduras de hierro sobre las hojas de cartulina.

3) Se acerca a la cartulina el imán, deslizándolo por debajo de la hoja.

4) Ahora se trata de lograr dibujos con movimiento; por ejemplo:

   * un hormiguero, con hormigas en movimiento,
   * manos sacando el fruto de una palmera,
   * cangrejos caminando sobre una palmera,
   * estrellas que titilan… y ¡cuántas cosas más!

SABEMOS que esto ocurre porque algunas sustancias tienen la propiedad de dejar pasar el magnetismo a través de ellas, sin resultar afectadas.

PROBEMOS Y JUGUEMOS APRENDIENDO.

NOTA:
¡Cuidado con las limaduras de hierro!: *no deben quedar en las manos ni cerca de la vista.*

¿EL AIRE ESTÁ DENTRO TUYO?

¿QUIÉNES PARTICIPAN?
Una familia, varias familias, un grupo de chicos con un adulto.

¿CUÁNTOS PARTICIPAN?
Los que deseen.

PARA QUÉ DEL JUEGO:
Entretenerse experimentando.

MATERIALES:
Globos grandes y chicos. Velitas.

El juego consiste en:

a) Preguntarles a los chicos: ¿Dónde está el aire?

- Se tratará de despertar la curiosidad de los mismos, provocando respuestas a partir de otras preguntas.

b) Logradas distintas y/o parecidas contestaciones, se los invitará a impulsar el aire fuera de su cuerpo, echándolo dentro de un globo.

- Lo harán de a poco e irán observando cómo aumenta de tamaño el globo. En todo momento se hará notar de dónde proviene el aire.

c) Luego se prenderán velitas y se los invitará a sacar nuevamente aire de su cuerpo.

d) Entre todos lograrán concluir que uno de los lugares donde se encuentra el aire es dentro de uno mismo. Todo ser vivo necesita aire para vivir. Al respirar, aspiras y exhalas el aire durante todo el día.

NOTA:
El juego puede hacerse con globos alargados, para que corriendo con las manos el aire libre contenido en los mismos y uniéndolos entre sí se logren distintas formas. Por ejemplo: perro, gato...

Y entre juegos aventuras seguimos cantando:

"Ha llegado la lluvia"
de María Teresa Cibils

Ha llegado la lluvia y voy hasta su encuentro.
Me visto de paraguas, le llevo una canción.
Tal vez deba cantarle al escuchar sus penas
y darle mis caricias y aliviar su dolor.

Estribillo
Llueve una lluvia dulce en las cosas mías.
Llueve una lluvia mansa que me da su amor.

La lluvia es una amiga tranquila y silenciosa.
Nos visita a menudo desde un lejano país.
Reparte todo el día su amor. Cuando anochece,
busca almohadas de flores para poder dormir.

Estribillo

La lluvia es una niña que desata sus trenzas
y suelta sus cabellos cuando quiere venir.
Cabellos siempre largos y siempre humedecidos.
Cabellos que se trenzan poco antes de partir.

Estribillo

Aprender jugando
MÁS JUEGOS DE:
¿MAGIA O CIENCIA?

¿SE ANIMAN?
¿COMENZAMOS?

Aprender jugando
¡HOY! ¿MAGIA O CIENCIA?

... ¿Por qué magia o ciencia?

... Hay juegos que aparentan ciencia y son en realidad simples trucos.

... Mientras hay otros que jugados terminan teniendo una razón científica.

... Unos y otros son convenientes para ejercitar el pensamiento científico y favorecer el gozo en la búsqueda.

... De aquí nuestra propuesta: Juegos de ¿magia o ciencia?

¿JUGAMOS?

¿PARA COMER O MIRAR?

¿QUIÉNES PARTICIPAN?
Una familia, un grupo de familias, varios chicos con un animador de juego.

¿CUÁNTOS PARTICIPANTES?
Los que quieran jugar…

PARA QUÉ DEL JUEGO:
Saborear jugando, probando, descubriendo.

MATERIAL:
Una manzana, cuchillo y una nuez pelada.

El juego consiste en:

1) Descubrir si es para comer o mirar -sin tocar- ; pero se puede oler.

2) Por lo tanto, los chicos -con las manos atrás- puestos en semicírculo harán todo tipo de preguntas y tratarán de oler.

3) Luego se arriesgarán todas las respuestas posibles.

4) Quien adivine, comerá la manzana.

5) ¿Cómo preparar la manzana?

   A una manzana pelada, se le da forma de cilindro.

   Se coloca en la parte superior un trocito de nuez, simulando mecha.

   Quedará una perfecta vela. En el momento de jugar se puede prender por unos minutos.

   ¡A PROBAR!!! ¿MAGIA O CIENCIA???

¿EL AGUA INVISIBLE?

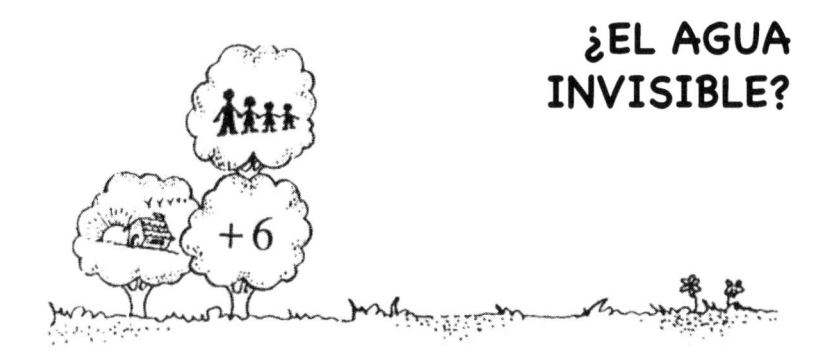

¿QUIÉNES PARTICIPAN?
Una familia, varias familias, un grupo de niños con un animador de juegos.

¿CUÁNTOS PARTICIPAN?
Los que deseen.

PARA QUÉ DEL JUEGO:
Descubrir experimentando.

MATERIALES:
Hojas de papel de diario, goma de pegar, una bolsa de plástico, varita y recipiente que contenga agua.

El juego consiste en:

a) Unir por el centro con goma de pegar seis (6) hojas de manera que quede una revista, o se puede reemplazar por una revista.

b) En una página central, pegar en la parte superior una bolsa de plástico.

c) Mostrar a todos la revista, cuidando no se vea la bolsa.

d) Se enrolla la revista y con la varita, entre palabras mágicas que van y vienen, abren bien la bolsita.

e) Luego se echa un poco de agua dentro de la bolsa. Las palabras mágicas pueden ser: bolsita, ita, ita; bolso, oto, oto...

f) Suavemente se desenrolla la revista.

g) Y para los participantes: ¿dónde se fue el agua?

h) Sólo lo sabrán si ahora les haces probar a ellos y revelas el secreto a algunos y luego a todos.

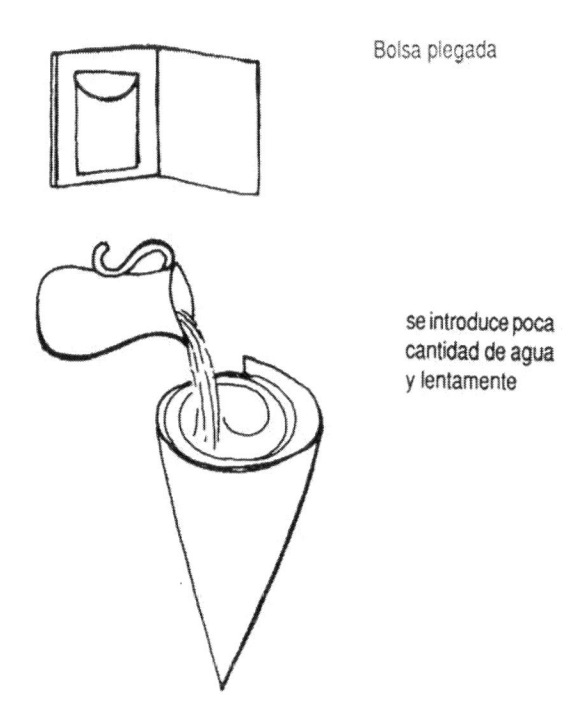

Bolsa plegada

se introduce poca cantidad de agua y lentamente

¡A PROBAR! ¿MAGIA O CIENCIA?

PICARDÍA CON IMANES

¿QUIÉNES PARTICIPAN?
Una familia, un grupo con un animador de juego, varias familias.

¿CUÁNTOS PARTICIPAN?
Los que deseen.

PARA QUÉ DEL JUEGO:
Entretenerse probando.

MATERIALES:
Dos imanes potentes, preferentemente en forma de herradura y del mismo tamaño.

El juego consiste en:

a) Ubicar a los componentes del juego en semicírculo.

b) Realizar delante del grupo la siguiente propuesta: colocados dos imanes de frente, con los brazos extendidos, si trabajamos con polos opuestos se atraen hasta juntarse. Al equipo no le damos la explicación, sólo le mostramos.

c) Invitamos a imitar la hazaña, dando previamente vuelta a uno de los imanes (polos iguales se rechazan).

d) Insinuamos hagan todos los cambios posibles para lograrlo. Con niños más grandes solicitaremos también sepan el por qué de lo acontecido.

¡A PROBAR??? ¿MAGIA O CIENCIA?

¡AL PING-PONG!

¿QUIÉNES PARTICIPAN?
Una familia, varias familias, un grupo de niños con un animador de juegos.

¿CUÁNTOS PARTICIPAN?
Los que deseen.

PARA QUÉ DEL JUEGO:
Entretenerse probando.

MATERIALES:
Media docena de pelotas de ping-pong, un embudo, una aspiradora.

El juego consiste en:

1) Los participantes son invitados a colocarse en semi- círculo.

2) Colocados en la anterior ubicación, se dividen en dos grupos y se delega un participante de cada equipo.

3) Previo al comienzo del juego, se habrá preparado el equipo necesario, insertado un embudo en el extremo del caño de la aspiradora asegurando la unión con cinta adhesiva.

4) Se ponen sobre el piso las seis (6) pelotas de ping-pong y se da un minuto a cada grupo para que trate de capturar la mayor cantidad posible de pelotas.

5) El equipo que capture más pelotas, explicará el fenómeno que se ha producido, en caso de niños más grandes.

Variante del juego: suplantar las pelotas por un globo, y colocar un embudo de mayor diámetro. Con el embudo se tratará de levantar el globo, el que girará dentro de aquél durante el mayor tiempo posible.

¡A PROBAR!!! ¿MAGIA O CIENCIA???

NOTA:
El juego lo realiza un (1) equipo por vez.

OCULTA PAPEL

¿QUIÉNES PARTICIPAN?
Una familia, varias familias, un grupo de niños con un adulto animador de juego.

¿CUÁNTOS PARTICIPAN?
Los que deseen.

PARA QUÉ DEL JUEGO:
Entretenerse descubriendo.

MATERIALES:
Un papelito de cinco (5) cm. por cinco (5) cm.

El juego consiste en:

a) Colocar a los participantes en semicírculo e invitarlos a estar muy atentos.

b) Mostrarles el papelito y luego hacer con él varios dobleces hasta que quede muy pequeño.

c) Esconderlo en una de las manos, y solicitar a los participantes que adivinen en cuál se encuentra.

d) Una vez adivinado, realiza todo tipo de ademanes y habla muy rápido de manera de distraer al público.

e) Ahora se trata de ingenio y ensayo previo.
Puedes esconderlo entre los dedos, en la manga o en el lugar que te resulte más fácil; siempre y cuando el auditorio no se dé cuenta.

f) Pregunta nuevamente en qué mano se encuentra. Dada la respuesta abre simultáneamente ambas. Al no verlo los participantes se asombrarán.

g) Entonces enséñales unas palabritas mágicas, "apel, papel, pepal, lapel"; mientras acomodas el papel en una de las manos y vuelves a preguntar "¿dónde se encuentra?".

h) Al adivinar se da por concluido el juego.

¡A PROBAR! ¿MAGIA O CIENCIA?

¿VACÍO O AIRE?

¿QUIÉNES PARTICIPAN?
Una familia, varias familias, un grupo de niños con un animador de juegos.

¿CUÁNTOS PARTICIPAN?
Los que deseen.

PARA QUÉ DEL JUEGO:
Entretenerse probando.

MATERIALES:
Una bolsa de polietileno grueso y resistente de cincuenta (50) por setenta (70) cm., aproximadamente, o globo grande y resistente y tabla de madera (grande).

El juego consiste en:

1) Agrupar a los componentes del juego en semicírculo.

2) Entregarles una bolsa del tamaño indicado, abrirla bien y pedirles retuerzan la punta y la cierren fuertemente con hilo.

3) Preguntarles qué contiene. Seguramente algunos dirán "nada"... otros, "aire".

4) Colocar sobre la bolsa cerrada, que se ha dejado sobre el piso la tabla de madera.

5) Invitar a alguno de los componentes del juego a pasar y subir despacio sobre la tabla distribuyendo bien el peso; mientras se pregunta si la bolsa podrá soportarlo.

6) Todos se sorprenderán al ver que la bolsa no se aplasta, por lo tanto puede soportar el peso.

¡A PROBAR! ¿MAGIA O CIENCIA???

NOTA:
Si la bolsa es más pequeña, quien sube debe tener menor peso. Con los más grandes se entablará un diálogo con las razones de lo sucedido.

GIRANDO Y GIRANDO

¿QUIÉNES PARTICIPAN?
Una familia, un grupo de amigos, un animador de juegos con chicos.

¿CUÁNTOS PARTICIPAN?
Un grupo reducido, no más de veinte (20).

PARA QUÉ DEL JUEGO:
Divertirse descubriendo.

MATERIALES:
Papel metalizado u otro, un broche de presión, una aguja de tejer, base de madera de ocho (8) cm. de lado, vela y lápiz.

El juego consiste en:

1) Preparar entre todos juguetes giratorios que, colocados sobre una fuente de calor, en este caso vela (si lo haces con papel metalizado), comenzarán a girar.

2) ¿Cómo prepararlos?

. *Se trata de trazar sobre papel metalizado o una cartulina -preferentemente una cuadrícula- un dibujo en espiral o circular.*

. *En el punto central de la espiral, se inserta una de las partes de un broche de presión, se coloca la otra parte del otro lado de la espiral y se cierra el broche.*

. *Si no tienen un broche, toma una base de madera más o menos de ocho (8) cm. e inserta una aguja de tejer en la madera pegándola y afila el otro extremo con una lima.*

. *Puedes reemplazar la aguja por un lápiz o alambre, cuyo soporte sea un carretel de hilo.*

. *Para hacer girar la espiral en sentido contrario se debe invertir, es decir, colocarla boca abajo.*

. *Y YA tienes listo el juguete que, colocado sobre un radiador, acondicionador, estufa o simplemente vela, comenzará a girar.*

. *Si usas papel metalizado lo hará a mayor velocidad.*

NOTA:
¿Por qué gira? Cuando el aire caliente sube, el aire frío toma su lugar provocando de esta manera el movimiento. Los más pequeños sólo gozarán viendo lo que sucede.

Posibles diseños a modo de sugerencia:

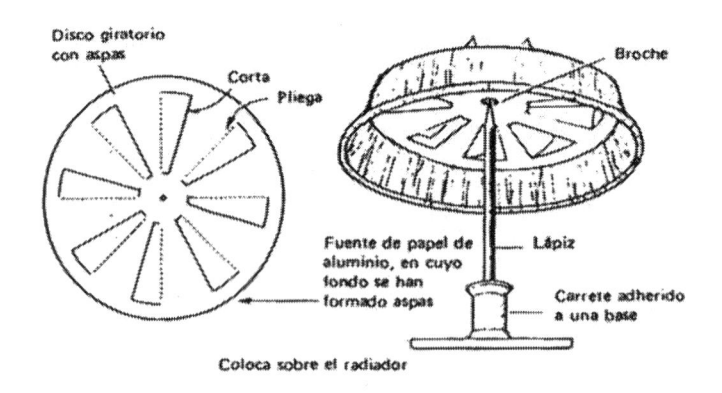

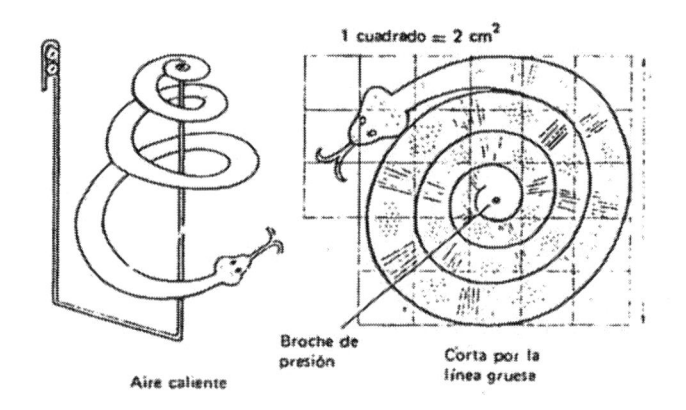

ESPEJO MÁGICO

¿QUIÉNES PARTICIPAN?
Una familia, un grupo de amigos, un animador de juegos con un grupo de chicos.

¿CUÁNTOS PARTICIPAN?
Un grupo no mayor de treinta (30) divididos en pequeños grupos.

PARA QUÉ DEL JUEGO:
Divertirse descubriendo.

MATERIALES:
Un espejo para cada jugador.

El juego consiste en:

1) Los jugadores agrupados en pequeños equipos, recibirán los espejos que previamente habían llevado.

2) Se invitará a cada participante a que observe el espejo para constatar que el mismo quede limpio.

3) Colocarán el espejo bien cerca de la boca y soplarán hasta que el mismo quede empañado.

4) Para sorpresa de los jugadores, aparecerá sobre cada espejo el propio nombre. Mientras aparecen los nombres, el animador de juegos dirá palabras mágicas creando clima de suspenso por ejemplo: espejo, espejito, espejote, conviértete en mágico… (repetidas veces).

5) Se invita a los jugadores a pasar el espejo a un compañero, para ver si acontece lo mismo repitiendo el juego-experiencia.

6) Al no lograrlo, se tratará de buscar el porqué entre todos.

7) SECRETO para lograrlo:

. Limpiar el espejo.

. Escribir sobre el mismo, el nombre de cada uno con una goma de borrar.

. Luego con un trapito, quitar las partículas de goma visibles.

. Se obtienen mayores resultados, si ahora colocamos unos minutos el espejo en el congelador.

¡A PROBAR! ¿MAGIA O CIENCIA???

Aprender jugando
¡HOY! ¡JUEGOS PARA RESOLVER!

Aprender jugando
¡HOY! JUEGOS PARA RESOLVER

... Juegos para resolver son situaciones problemáticas para solucionar a modo de juego.

... Son apenas una muestra de lo que se puede provocar mediante este tipo de experiencia lúdica.

... Estos juegos son factibles a partir del ingenio y de lo ya conocido.

... No dejes de jugarlos ¡Resuelve jugando!

¡PARA RESOLVER!

¿QUIÉNES PARTICIPAN?
Todos los que se sientan dispuestos a solucionar propuestas en relación con la ciencia.

PARA QUÉ DEL RESOLVER:
Disfrutar aportando respuestas.

MATERIAL:
Situaciones problemáticas.

¿En qué consiste?

Son distintas situaciones problemáticas para resolver en el mismo manual o en otro papel a modo de juego.

1) **Una propuesta para dibujar:**
    ¿Qué se usa para cavar la tierra?
    ¿Qué se emplea para cavar en la calle?
    Si desearas buscar petróleo bajo tierra, ¿qué emplearías?
    Si desearas hacer un gran orificio en alguna roca, ¿qué usarías?

2) Descubre los animales que aparecen en el dibujo:

Respuesta:

3 víboras, 2 monos, 3 peces, 1 cocodrilo, 5 pájaros, 1 tigre.

3) **Extraños recipientes**

Observa bien. Hay uno que no puede ser llenado completamente con el agua que se vierte por arriba. ¿Cuál es?

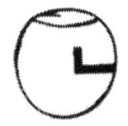

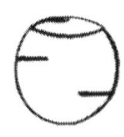

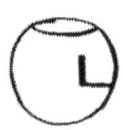

Rta.: 5

¡RESUELVE JUGANDO!

4) **¿Cómo hacer un ramillete de flores!**

Si sigues gráficos e indicaciones, pronto lo tendrás.

NOTA: Utiliza papel vegetal.

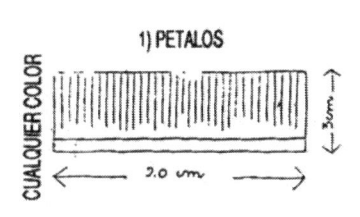

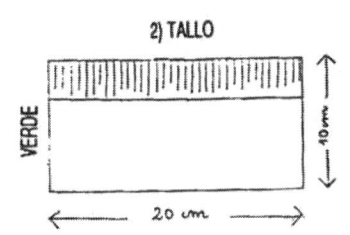

1) PETALOS — CUALQUIER COLOR — 3 cm × 20 cm

2) TALLO — VERDE — 10 cm × 20 cm

3) ENROLLAR Y PEGAR TALLO

4) ENROLLAR PEGANDO DENTRO DEL TALLO PARTE SUPERIOR

5) ¿Cómo armar un elefante?
   ¿Cómo hacer que emita sonidos?

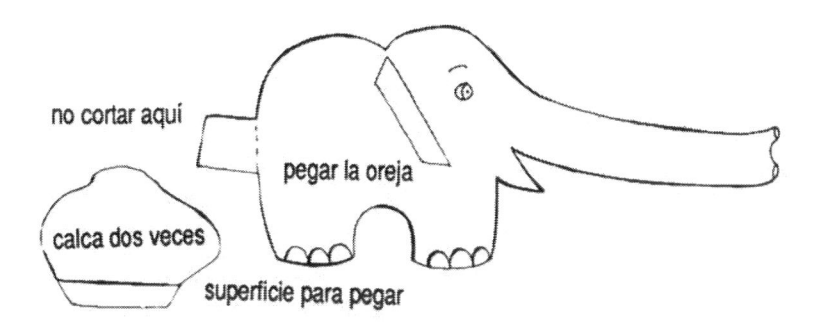

no cortar aquí
pegar la oreja
calca dos veces
superficie para pegar

1) Dobla la cartulina.

2) Calca elefante y oreja sobre cartulina. Luego pega la oreja.

3) Píntale ojos y patas.

4) Ya lo puedes parar y soplar con fuerza desde los extremos de la cola.

5) Tu elefante lanzará desde la trompa un sonido como si estuviera en la selva.

¡RESUELVE JUGANDO!

6) ¡PAN COMIDO!!!

. ¿Cómo hacerlo???
. ¿Cómo comerlo??? Esto ya lo saben ¿verdad???

NOTA:
Pan entero en rebanada finas y lo que te guste: aceitunas, huevos, tomates, lechuga.

¡AH!!! ELIGE con forma o sin forma.

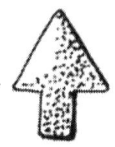

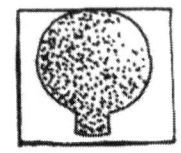

. Pan y huevo picado: 1, 2, 3 y 4.
. La parte que no lleva huevo untarla con algo sabroso.

. Pan y cualquiera de los ingredientes citados: 5, 6, 7 y 8.

¡ADELANTE! EXPERTOS...
sigamos inventando canapés.

¡RESUELVE JUGANDO!

¡ESPACIÓDROMO!

¿QUIÉNES PARTICIPAN?
Una familia, un grupo de familias, un grupo de chicos con un animador de juegos, o solos.

¿CUÁNTOS PARTICIPAN?
De dos (2) a seis (6) personas.

PARA QUÉ DEL JUEGO:
Entretenerse respondiendo a interrogantes relativos al espaciodromo.

MATERIAL NECESARIO:
. Tarjetas con números entre 1 y seis (6) y correspondientes preguntas.
. Dado. . Ficha: poroto o botón o nave. Si eliges nave, dibuja el modelo sobre cartón y lo puedes pintar.

El juego consiste en:

1) Todos los jugadores ubican su ficha en Tierra; punto de partida; e irán recorriendo el trayecto de estrellas.

2) En el medio de la mesa se ubican las tarjetas; cada una con su número de pregunta. (Dadas vueltas).

3) Cada participante tira el dado para obtener su turno en el juego.

4) Luego se invita al primer jugador a sacar una tarjeta y a mover su nave tantos lugares como la misma indique: siempre y cuando haya sabido responder la pregunta (de lo contrario permanece en el lugar donde estaba).

5) Si su nave llegase a una estrella de cuatro (4) puntas tiene derecho a recorrer cuatro (4) estrellas más, sin sacar tarjeta.

6) Sigue inmediatamente el jugador a quien toque en turno.

7) El que primero llegue nuevamente al punto de salida: TIERRA, será ganador.

NOTA:
Las tarjetas sugeridas son sólo a modo de ejemplo. Pueden hacerse con esas preguntas u otras. Para seis jugadores se necesitan aproximadamente cincuenta (50) tarjetas. Si se terminasen todas, se colocarán nuevamente boca abajo.

Ejemplos sugeridos para realizar las tarjetas:

1- ¿Cuál es la fuente de energía usada por la mayor parte de los satélites artificiales?
Rta. SOL.

1- ¿Dónde pesa más un astronauta, en su casa o en la Luna?
Rta. EN SU CASA.

1- ¿Quién descubrió los cuatro satélites mayores de Júpiter?
Rta. GALILEO.

1- ¿De qué elementos está compuesto, en su mayor parte, el Sol?
Rta. HIDRÓGENO.

1- ¿En dónde hace más calor: en Venus o en la Tierra?
Rta. EN VENUS.

1- ¿Por dónde sale el sol en Urano?
Rta. POR EL OESTE.

2- ¿De qué material está compuesto el núcleo de la Tierra?
Rta. HIERRO.

2- ¿Cuántos vuelos tripulados hubo antes de la Apolo XI?
Rta. TREINTA Y DOS.

2- Durante el día ¿las estrellas no se ven porque están del otro lado de la tierra o porque la luz del sol es muy fuerte?
Rta. PORQUE LA LUZ DEL SOL ES MUY FUERTE.

2- ¿Quién miró el cielo por primera vez con un telescopio?
Rta. GALILEO GALILEI.

2- ¿Hay montañas en el sol?
Rta. NO.

2- Los astronautas de la Apolo XI ¿estuvieron en la Luna menos de un día o más?
Rta. MENOS (21 horas, 37 minutos).

3- La perra Laika, ¿fue en el Sputnik I o en el Sputnik II?
Rta. SPUTNIK II.

3- En la Luna, ¿se oyen muchos ruidos?
Rta. NO, como no hay aire, no se transmite el sonido.

3- ¿Qué planeta está más alejado del sol, Neptuno o Urano?
Rta. NEPTUNO.

3- ¿Cuántos planetas hay entre el sol y la tierra?
Rta. DOS: Venus y Mercurio.

3- Las estrellas más calientes, ¿son las de luz blanca o las de luz roja?
Rta. LAS DE LUZ BLANCA (irradian más energía).

3- ¿Cuál fue el segundo astronauta que caminó en la Luna?
Rta. ALDRIN.

4- ¿Quién tomó la fotografía de la primera huella humana en la superficie lunar?
Rta. NEIL ARMSTRONG.

4- ¿En qué otro planeta del sistema solar el día dura prácticamente lo mismo que en la Tierra?
Rta. MARTE.

4- ¿Qué pesaba más: el Sputnik I o un Cadillac 57?
Rta. UN CADILLAC.

4- ¿Cómo se llamaba la primera nave tripulada que descendió en la luna?
Rta. AGUILA O EAGLE

4- Tú partes para Marte y un amigo tuyo para Plutón. Viajando a la misma velocidad ¿quién llega primero?
Rta. Tú (Marte está más cerca de la Tierra).

4- ¿Cómo se llama cuando la Luna se pone delante del Sol?
Rta. ECLIPSE.

5- Venus, ¿tiene luz propia?
Rta. NO, es un planeta.

5- ¿Cómo se llama cada uno de los astros que giran alrededor del Sol?
Rta. PLANETA.

5- ¿Qué planeta habitamos?
Rta. TIERRA.

5- ¿Cuál es la estrella más próxima a la Tierra?
Rta. SOL.

5- El conjunto de planetas, satélites y asteroides que giran alrededor del Sol, ¿cómo se llama?
Rta. SISTEMA PLANETARIO SOLAR.

5- Se lo designa con el nombre de lucero matutino y vespertino. ¿De qué planeta se trata?
Rta. VENUS.

6- Es el más próximo al Sol y se lo ve a simple vista. No posee satélites. ¿De qué se trata?
Rta. MERCURIO.

6- Se lo llama el coloso por ser el de mayor tamaño. Presenta el mayor número de satélites. Se llama...
Rta. JUPITER.

6- Es el planeta más alejado del sol. Se trata de...
Rta. PLUTÓN.

6- Observado al telescopio, ofrece una banda brillante en la región del ecuador. Allí reina muy baja temperatura. ¿Cómo se llama?
Rta. NEPTUNO.

6- *¿Cuál es el único satélite natural de la tierra, que se observa a simple vista?*
Rta. LA LUNA.

6- *¿Cómo se llaman las enormes masas gaseosas que se observan como puntos luminosos, dada la enorme distancia a que se encuentran?*
Rta. ESTRELLAS.

Ya tienes un juego armado con 36 tarjetas. No olvides colocar en cada una un número y pregunta. No escribas la respuesta. Arma el juego y comienza a jugarlo. ¡Espaciodromo en el aire!

NOTA:
Previo al juego los niños consultarán en libros y/o adultos sobre la temática.

165

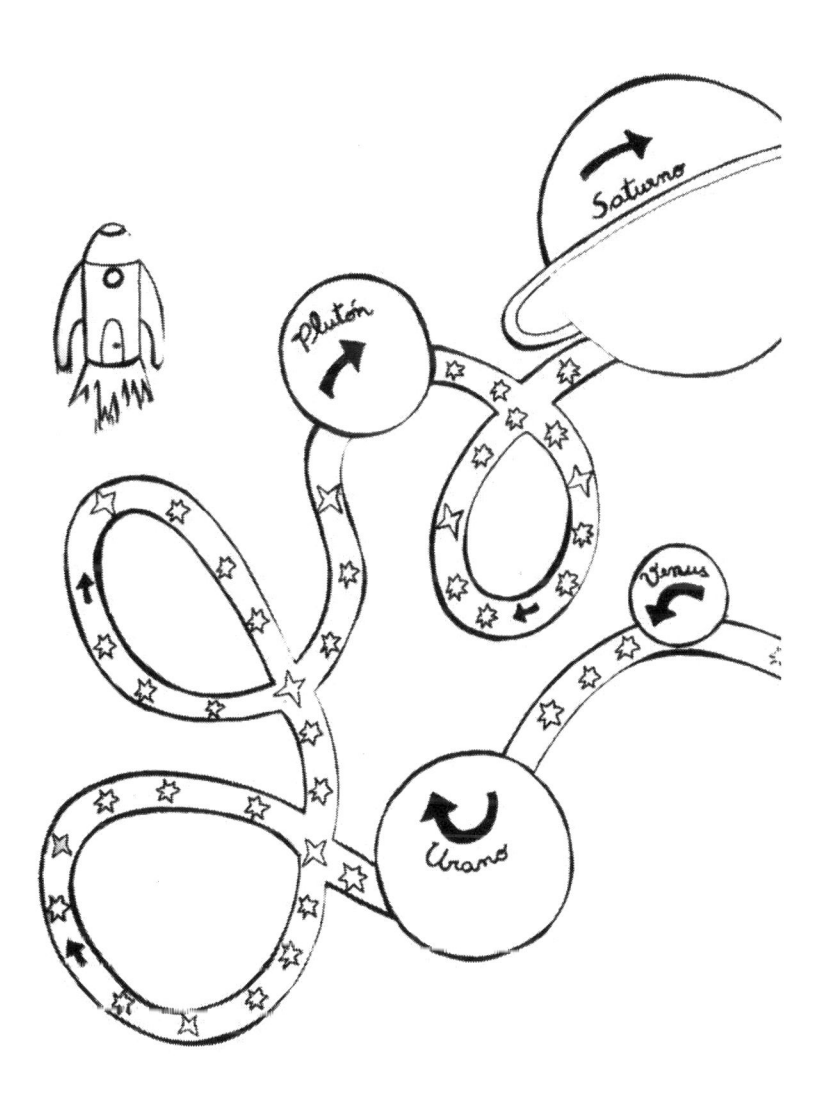

166

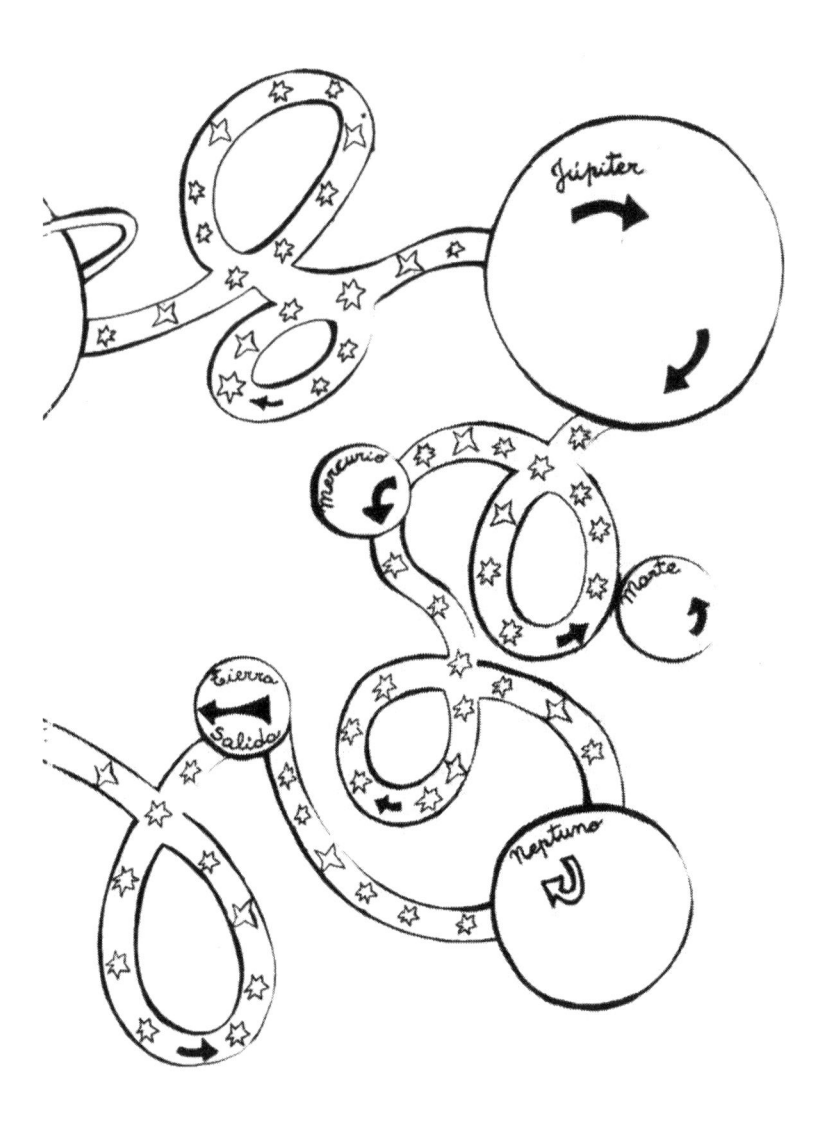

ANIMALES PARA RIMAR

¿QUIÉNES PARTICIPAN?
Una familia, varias familias, un grupo de chicos con un animador, docente o solos.

¿CUÁNTOS PARTICIPAN?
Mínimo: 2 (dos).
Máximo: sin número.

PARA QUÉ DEL JUEGO:
Divertirse adivinando y rimando.

MATERIAL NECESARIO:
Ficha individual: botón, poroto o cualquier material identificable.

El juego consiste en:

a) Cada jugador ubica su ficha en el punto de partida, donde dice: SALIDA.

b) Para poder comenzar, cada participante deberá dar respuesta a una adivinanza relativa a animales.

c) Respondida la adivinanza, tirará el dado y caminará tantas casillas como le indique el número sacado.

d) Si llega hasta donde hay un pato, deberá decir una palabra que rime con pato, por ejemplo gato, zapato o cualquier otra. De no poder responder en un minuto, volverá al lugar de partida.

e) Si el jugador vuelve al punto de partida, continúa el siguiente participante.

169

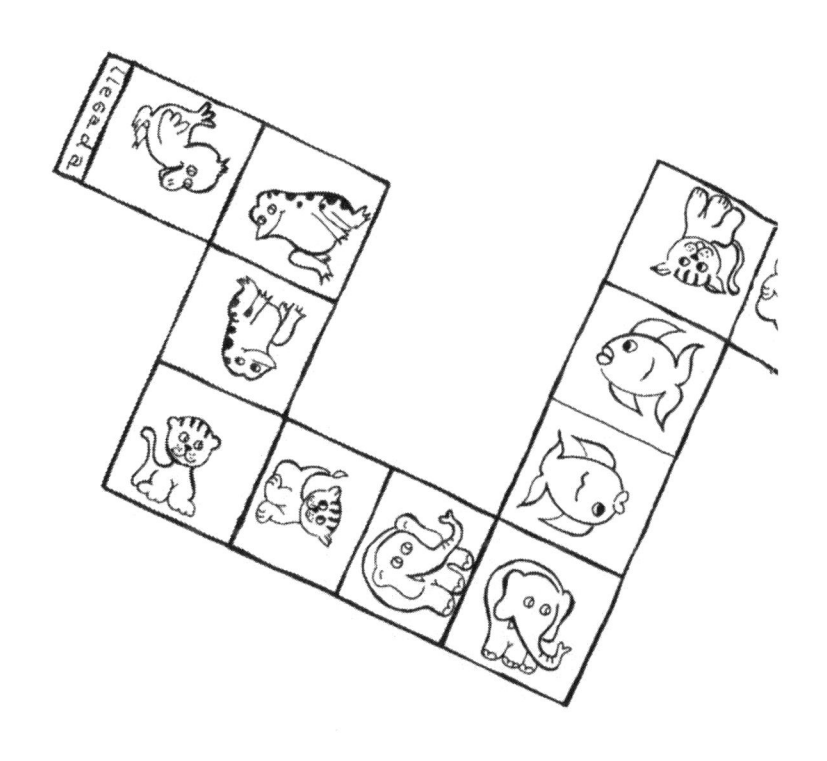

ANIMALES PARA RIMAR

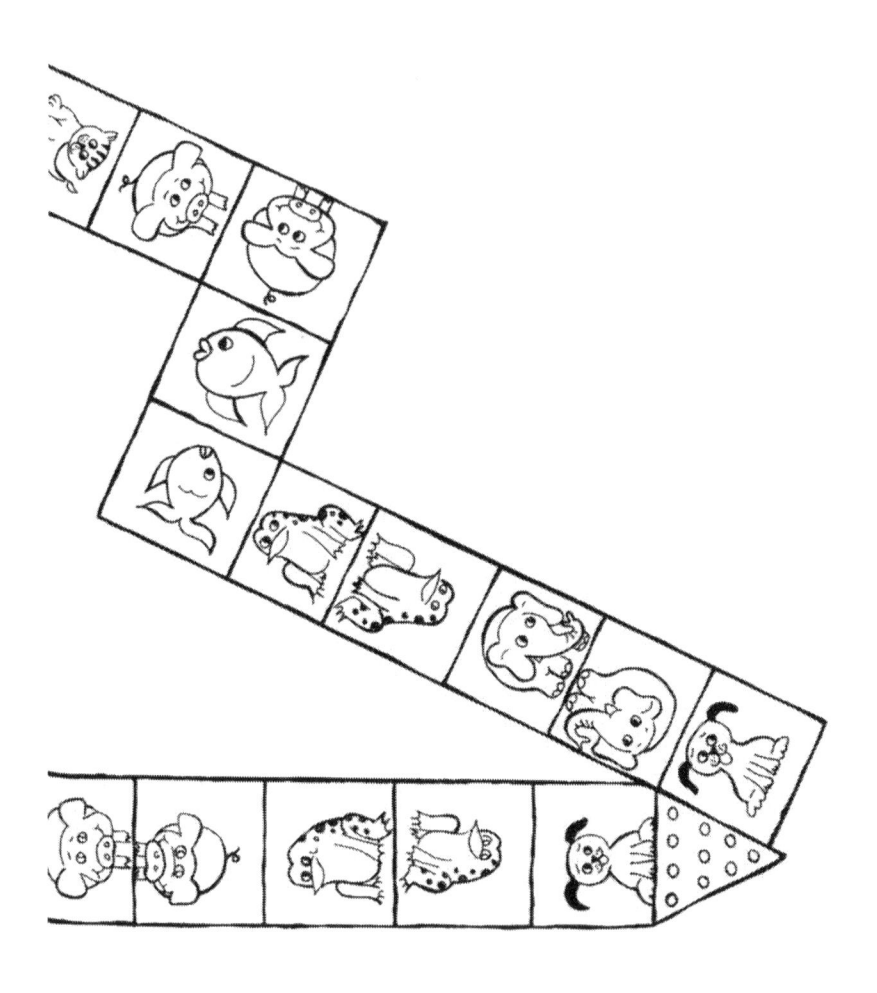

Aprender jugando
¡JUEGOS!
¿JUGAMOS?
¡¡CURIOSIDADES!???

¡CURIOSIDADES!

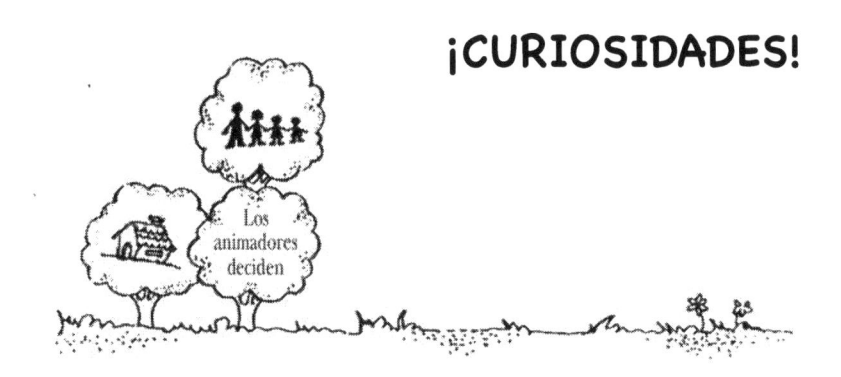

¿QUIÉNES PARTICIPAN?
Todos los curiosos que deseen.

PARA QUÉ DE LAS CURIOSIDADES:
Entretenerse sabiendo cosas interesantes.

MATERIAL:
CURIOSIDADES.

En qué consiste curiosidades:

No es un juego, ni muchos juegos; o en tal caso curiosidades es ya un simple juego.
Por eso estas curiosidades que aparecen las puedes utilizar en distintas oportunidades lúdicas.

1) ¿SABÍAS?
   ¿LOS INSECTOS HACEN RÉGIMEN?

Así es: algunos siguen un régimen vegetariano, aunque tienen distintas preferencias.

EL ESCARABAJO de la papa se instala en las hojas de esta planta y las devora con la ayuda de sus mandíbulas.

LAS HORMIGAS, también las utilizan para cortar hojas, pero en este caso no las comen, sino que las transportan hasta el hormiguero y las trituran hasta formar una masa sobre la que se desarrollan hongos, que son los que realmente les sirven de alimento.

ABEJAS Y MARIPOSAS, eligen el néctar de las flores como alimento. Por medio de una larga trompa en cuyo extremo se encuentra el aparato bucal, EL GORGOJO perfora frutos y semillas para nutrirse.

- Algunos optan por el régimen carnívoro y se transforman en hábiles cazadores de insectos.

LA LIBELULA, atrapa los insectos en pleno vuelo.

EL MAMBORETA, acecha entre las plantas, en espera de que se acerquen, en busca de alimento.

LAS VAQUITAS DE SAN ANTONIO, se alimentan de pulgones.

2) ¿SABÍAS?
   ¿EN QUÉ RESIDE EL VALOR DIDÁCTICO DE UN ACUARIO?

El valor didáctico de un acuario reside en el hecho de que de los dos millones de especies que forman el reino animal, la inmensa mayoría vive en en agua. Se deduce entonces que el zoológico muestra en general vertebrados y de éstos casi exclusivamente aves y mamíferos; mientras que el acuario posibilita presentar al reino animal en todos sus niveles de organización y evolución.

3) ¿SABÍAS?
   ¿CUÁL ES EL CRUSTÁCEO QUE PUEDE SALVARNOS DEL HAMBRE?

Krill, palabra noruega, que significa "pequeño pez".
Vive en los mares antárticos y en especial en la zona correspondiente al sector argentino.

Su valor económico es muy grande, por ser una de las fuentes más baratas e importantes de proteínas naturales. De allí el enorme interés de varios países en capturar para sí ese valioso capital que la naturaleza puso en nuestras manos.

En un mundo que padece en gran escala de hambre, el krill puede convertirse en el alimento del futuro.

4) ¿SABÍAS?
   ¿PARA QUÉ SIRVEN LAS COLAS?

LA ARDILLA emplea su cola como paracaídas cuando salta entre las copas de los árboles.
EL ZORRO se envuelve en su cola para abrigarse.
LA LAGARTIJA, cuando está por ser atrapada, se desprende de su cola y huye. Después le crece de nuevo.
LA VACA la usa para espantar de su cuerpo insectos molestos, como moscas, tábanos y mosquitos.

5) ¿SABÍAS?
   ¿CÓMO EXPLORAMOS EL ESPACIO?

Los astrónomos y científicos estudian el espacio en observatorios.
Los astronautas se desplazan en el espacio.
El Skylab es un laboratorio espacial donde viven los astronautas para realizar experimentos.
Los satélites trazan una órbita alrededor de la tierra y envían información.
La nave Apolo XI llevó a los primeros astronautas a la Luna.
La Lanzadera Espacial puede volar hacia el espacio y regresar a la tierra. Se la puede utilizar una y otra vez.

6) **¿SABÍAS?**
   ¿CUÁNDO SE PRODUCE EL ARCO IRIS?

Se produce cuando un rayo de sol atraviesa una gota de agua y es entonces cuando se divide en los siete colores del arco iris. El arco iris aparece en el cielo cuando el sol brilla y llueve al mismo tiempo. También se puede observar en fuentes, cascadas y en el chorro de agua de manguera.

7) **¿SABÍAS?**
   ¿CÓMO SABES SI UN SUELO TIENE BUENA CANTIDAD DE ARENA?

Tomamos entre los dedos una porción de suelo con un poco de agua. Si tienen arcilla, los suelos van a ser plásticos, los podremos manejar con facilidad, porque no se deforman fácilmente, de modo tal que podemos hacer todo tipo de figuras. Esto no sucede con los suelos arenosos, ya que ellos se deshacen, se disgregan sobre la superficie de la mano.

8) **¿SABÍAS?**
   ¿CUÁL ES EL ANIMAL ACUÁTICO MÁS RÁPIDO?

El delfín es el animal acuático más rápido, llega a desarrollar una velocidad de cincuenta (50) kilómetros por hora.

9) **¿SABÍAS?**
   ¿POR QUÉ LA TORTUGA ESTÁ ADORMECIDA DURANTE EL INVIERNO?

La tortuga es un animal de sangre fría, es decir la temperatura corporal varía con la temperatura del ambiente, por eso vive en letargo, es decir, adormecida durante el invierno.
Este proceso de letargo, le permite detener casi toda su actividad y conservar su energía.

10) ¿SABÍAS?
¿POR QUÉ SE PRODUCE EL HIPO?

Se produce cuando ciertos nervios que van al diafragma están muy estimulados. Es una reacción involuntaria ocasionada después de algunas comidas rápidas. El diafragma se contrae y produce una serie de inspiraciones bruscas acompañadas de un sonido característico.

11) ¿SABÍAS?
¿POR QUÉ SÓLO DE DÍA, LAS PLANTAS PRODUCEN ALIMENTOS?

En la respiración, las plantas captan el oxígeno del aire, pero también expulsan el dióxido de carbono a través de los estomas.
Durante el día, las plantas respiran y captan oxígeno del aire, pero también expulsan el oxígeno como resultado de la fabricación de alimentos. La cantidad de oxígeno que expulsan las plantas durante el día es mucho mayor que el oxígeno que captan. Por eso, durante el día, las plantas enriquecen la atmósfera con oxígeno.
Durante la noche, las plantas siguen respirando, pero ya no producen alimentos porque no hay luz solar. Por lo tanto, las plantas durante la noche no despiden oxígeno.

12) ¿SABÍAS?
¿QUÉ SIGNIFICA QUE LA LUNA ES EL SATÉLITE DE LA TIERRA?

La palabra satélite significa acompañante. Ella acompaña a nuestro planeta desde hace millones de años: está relativamente cerca (380.000 km.) si tenemos en cuenta las enormes distancias espaciales.

13) ¿SABÍAS?
¿QUIÉN LLEGÓ A LA LUNA POR PRIMERA VEZ?

Después de cuatro días y medio, los astronautas comandante Neil Armstrong, Michael Collins y Edwin Aldrin, que viajaron en la nave lunar -Aguila- de la Apolo XI, tocaron la Luna.

El veinte de julio d 1969, Neil Armstrong fue el primero en descender del módulo. Al pisar la Luna dijo: "Este es sólo un pequeño paso para el hombre, pero un salto gigantesco para la humanidad".

14) ¿SABÍAS?
¿CÓMO ES EL FONDO DEL OCÉANO?

El fondo del océano es como un gran estante de tierra cubierto por rocas, arena y algas marinas. Allí viven muchas clases de peces y plantas.
Mar adentro, el océano es muy profundo. La arcilla roja cubre la mayor parte del fondo del mar. Esta parte del océano es fría y muy oscura. La luz del sol no llega hasta ahí porque el océano es muy profundo. Las plantas, en el fondo de él son blancas como hongos. Los peces no pueden ver en las profundidades, porque no hay luz, pero ellos huelen y tantean a su alrededor para encontrar alimentos.

15) ¿SABÍAS?
¿CUÁNDO ESTORNUDAMOS?

Cuando algo molesta en el interior de la nariz, para librarnos de ello. O también cuando tenemos resfríos o alergias.
Los estornudos ayudan a limpiar tu nariz y hacen que nos sintamos mejor.

16) ¿SABÍAS?
¿PARA QUÉ LES SIRVE A LOS ANIMALES EL SENTIDO DEL GUSTO?

Les sirve para encontrar los alimentos necesarios para vivir.
A gran parte de los animales hervíboros les sirve para gustar alimentos dulces y desechar salados. Las plantas de sabor amargo suelen ser venenosas. El sabor feo protege a algunos animales de ser devorados.

17) ¿SABÍAS?
¿POR QUÉ A LAS ARAÑAS SE LAS LLAMA HILANDERAS?
Se las llama hilanderas, porque poseen órganos especiales de hilar llamados hilanderos. La seda líquida sale del cuerpo y los hilanderos reúnen los finos hilos en cabos muy gruesos.
Algunos de los hilos son pegajosos, otros no. Diferentes arañas tejen distintos tipos de telas.

18) ¿SABÍAS?
¿CÓMO FUERON LOS DINOSAURIOS MÁS GRANDES?

El Branquiosaurio fue el más gigante, se cree el más pesado de los animales terrestres, pesaba alrededor de 79.300 kg., apenas se podía mover sobre la tierra y pasaba la mayor parte del tiempo en el agua. El más largo fue el Diplodoco con una extensión de treinta (30) metros. Se alimentaba de plantas. Se piensa que para poder alimentar un cuerpo tan grande debería pasarse todo el día comiendo.

19) ¿SABÍAS?
¿DE DÓNDE SACAMOS LA ENERGÍA QUE UTILIZAMOS, POR EJEMPLO, EN UN PARTIDO DE TENIS?

Si el alimento contiene la energía que utilizamos para jugar un partido de tenis, caminar o hablar, para conservar la temperatura del cuerpo, para respirar... bien podemos decir que obtenemos nuestra energía comiendo o que nuestra fuente energética está en los alimentos que consumimos.

20) ¿SABÍAS?
¿POR QUÉ LOS BÚHOS SALEN DE NOCHE?

Porque estos animales son nocturnos, lo que significa que están despiertos, merodeando durante la noche y descansan durante el día.

21) ¿SABÍAS?
¿POR QUÉ UNA AGUJA IMANTADA SE COLOCA SIEMPRE EN LA DIRECCIÓN N. S.?

La aguja señala siempre la línea que forman los polos magnéticos norte y sur de la tierra, puesto que el campo magnético de la tierra la coloca siempre en la misma dirección. Esta aguja imantada colocada en el centro de un círculo recibe el nombre de brújula.

22) ¿SABÍAS?
¿POR QUÉ LAS HOJAS DE LOS ÁRBOLES SE VISTEN DE AMARILLO?

Cuanto más clorofila tienen las plantas en sus células, más intenso es el color verde.
Al llegar el otoño, la clorofila de las hojas sufre transformaciones químicas y desaparece; aparecen otros pigmentos de color amarillo y naranja llamados carotenos. Así las hojas van pasando del verde intenso, a través de una gama de tonos distintos, hasta el amarillo claro.

23) ¿SABÍAS?
¿POR QUÉ COMPITEN LOS ÁRBOLES?

Porque la energía solar es indispensable para las plantas y ellos crecen buscando la luz.
En el caso de grandes bosques o selvas, los mismos árboles producen zonas de sombra, y para obtener la luz necesaria crecen verticalmente y a gran velocidad, situando siempre sus ramas y hojas en la parte más alta. Esa es la causa de que los árboles más altos del mundo se encuentren en selvas tropicales, ya que allí hay abundancia de luz y agua.

24) ¿SABÍAS?

TODOS LOS DÍAS EL SOL EVAPORA AGUA DE LOS OCÉANOS.

El aire caliente, cercano al suelo, lleva el vapor de agua hacia el cielo. El aire frío de las alturas hace condensar el vapor de agua y se producen cristales de hielo, así se forman las nubes.

POR HOY ME DESPIDO

Sí, como dice el título, he querido concluir aquí esta propuesta de juegos. Juegos que he realizado en mi actividad como maestra y profesora; que he compartido animando recreaciones y campamentos o realizando talleres de ciencias naturales, como así también con los alumnos de profesorado, buscando generar nuevas experiencias y descubrir el mundo natural.

APRENDER JUGANDO... CON LA NATURALEZA, quiere continuar acompañándolos con "Aprender jugando... con la realidad social" y también "Aprender jugando con la palabra...", que pronto estarán también al alcance de los lectores.

Para jugar en otro momentos en familia, o en grupos ya sea en la escuela o en el club, pueden serles de utilidad "Juegos para crecer", "Juegos para convivencias" y "Juegos para campamentos".
Al despedirme, quiero decir gracias a todos quienes jugando conmigo, hoy se hallan presentes en el palpitar de este libro.

Gracias a María Belén por jugarlos y proponer nuevas ocurrencias.

Gracias a María Rocío por sugerir.

Gracias a María Teresa Cibils por sus canciones y dibujos que dan calidez a este Manual.

A todos lo que los hemos jugado o coordinado para que otros jueguen y a todos los que los jugarán:

¡GRACIAS, por cada AMANECER que es el HERMOSO prólogo del libro de la VIDA de cada día!

SUSANA

ÍNDICE

PRÓLOGO 7

NOS PRESENTAMOS 9
Para aprender jugando: algo de curiosidad y creatividad 10
Campo-juegos: trabajos de campo.................................. 13
¡Desafío! aprender jugando... con la naturaleza 15

Aprender jugando
JUEGOS EN EL ZOOLÓGICO 17
    Captura de alimento 19
    ¿Lo sabías? ¡Preguntando!... 24
    Por tierra: ¿Cómo?.. 26
    ¿Veloces como quién? 28
    Información a tiempo 31
    ¡Todos a comer!... 36
    ¡A cazar datos! 40
    ¡Color, rayas y/o manchas!... 42

Aprender jugando
¡HOY! JUEGOS DEL GRANJERO 45
    ¡Somos granjeros!... 47
    Mémori alimentario 54
    Calorama ¿Es verdad que la lana da calor?........................... 57
    Preguntale al sol 60
    Censo campestre 65
    ¿Mipidepe arpabolpo? 67
    ¿Quién es quién? 70

Aprender jugando
¡HOY! BUCEADORES DEL ACUARIO 75
    Científicos¡Fabricando el acuario! 77
    Científicos ¿Amaestrando pececitos?....................... 80
    Científicos ¿Los peces respiran como nosotros? 82
    Científicos ¿Las elodeas se desvanecen? 85

Aprender jugando
¡HOY! ¡SORPRESAS EN EL CAMPO, BOSQUE O PARQUE! ... 89
    Taller de construcción.. 91
    ¡Climatólogos exploradores! 96
    ¡Exploradores! ¿Por qué la tierra tiene galerías?...................... 99
    ¡Exploradores! Jardín de vidrio............................. 102
    Entomólogos exploradores.................................. 105
    ¡Pequeños exploradores!...................................... 108
    Vínculo natural: de la mano 110

Aprender Jugando
¡HOY! JUEGOS PARA AVENTURAS CIENTÍFICAS 113
    Percha juguetona 115
    Imanes mivilizadores 117
    ¿Se infla el globo? 120
    Pesca magnética 122
    ¡¿Gustamos?! 125
    Monedas saltarinas 128
    ¡Dibujos en movimiento!..................................... 130
    ¿El aire está dentro tuyo? 132

Aprender jugando
¡HOY! ¿MAGIA O CIENCIA?.. 135
    ¿Para comer o mirar?... 137
    ¿El agua es invisible?.. 139
    Picardía con imanes 141
    ¡Al ping-pong! 143

Oculta papel 145
¿Vacío o aire? 147
Girando y girando 149
Espejo mágico 152

Aprender jugando
¡HOY! JUEGOS PARA RESOLVER 155
¡Para resolver! 157
1-Una propuesta para dibujar 157
2- Descubre los animales que aparecen en el dibujo 158
3- Extraños recipientes 159
4- Cómo hacer un ramillete de flores 159
5- Cómo armar un elefante 160
6- Pan Comido 161
¡Espaciodromo! 162
Animales para rimar 170

Aprender jugando
¡JUEGOS! ¿JUGAMOS? ¡¡CURIOSIDADES!??? 175
¡Curiosidades! 176
24 ¿Sabías? 184

POR HOY ME DESPIDO 185

Colección Juegos y dinámicas

¿A qué jugamos?, Alberto Ivern

101 juegos para padres, Gladys Brites de Vila, Marina Müller

Aprender jugando con la naturaleza, Susana Gamboa de Vitelleschi

Aprender jugando desde las actitudes sociales, Susana Gamboa de Vitelleschi

Descubrir valores jugando, Susana Gamboa de Vitelleschi

Dinámicas de grupo para la comunicación, Juan Carlos Pisano

Ecoclub escolar, Juan A. Ramos Madero, Patricia García, Julia Monat

Ecojuegos, Leonor Vila

El juego: necesidad, arte y derecho, IPA (Asociación internacional por el Derecho del niño a jugar)

Juegos creativos desde la palabra, Susana Gamboa de Vitelleschi

Juegos de fiesta en fiesta, Susana Gamboa de Vitelleschi

Juegos de inteligencias múltiples, Gladys Brites de Vila, Ligia Almoño de Jenichen

Juegos desde la imaginación, Gladys Brites de Vila, Marina Müller

Juegos diferentes, Susana Gamboa de Vitelleschi, Roberto E. Ramos

Juegos en el agua, Julio Zuberman

Juegos para campamentos, Susana Gamboa de Vitelleschi

Juegos para convivencias, Susana Gamboa de Vitelleschi

Juegos para crecer, Susana Gamboa de Vitelleschi

Juegos para dar a luz y acunar, Gladys Brites de Vila, Marina Müller

Juegos para entretenerse en los viajes, Juan Carlos Pisano

Juegos por la no violencia, Susana Gamboa de Vitelleschi

Juegos y actividades musicales, Ricardo de Castro

Juegos y técnicas recreativas, Mausi Brinnitzer Rodríguez

Juegos y trucos de magia, Javier Ponzi

Juguemos en familia, Luis Pérez Aguirre, Graciela Ferreira

Manual de juegos para jóvenes y no tan jóvenes, Juan Carlos Pisano

Manual de juegos para los más pequeños, Gladys Brites de Vila, Marina Müller

Manual de juegos para niños y jóvenes, Patricia Rinderknecht, Luis Pérez Aguirre

Manual para la estimulación temprana, Gladys Brites de Vila, Marina Müller

Resiliencia-Juego. Juego-Resiliencia, Susana Gamboa de Vitelleschi

Inteligencia Emocional, Susana Gamboa de Vitelleschi

El juego...un aprender a vivir, Susana Gamboa de Vitelleschi

Juegos de expresión y creación teatral, Susana Gamboa de Vitelleschi

Juegos y dinámicas con números, Nora Cabanne

Tirada: 200 ejemplares.

Made in the USA
Columbia, SC
20 June 2025